Leader Culture

Lead the Way! Be Your Own Leader!

Leader Culture

Lead the Way! Be Your Own Leader!

Leader Culture

Lead the Way! Be Your Own Leader!

Leader Culture

Lead the Way! Be Your Own Leader!

力得文化
Leader Culture
開解
解開心靈枷鎖
開解情緒牢籠
讓快樂成為一種選擇
亞諾——著

開解

編者序

南唐後主李煜以「恰似一江春水向東流」道出生命哀歌，悲嘆世事無常的寂寥落空。宋代文豪蘇軾在經歷烏臺詩案後，於〈前赤壁賦〉寫下「逝者如斯，而未嘗往也；盈虛者如彼，而卒莫消長也。蓋將自其變者而觀之，則天地曾不能以一瞬；自其不變者而觀之，則物與我皆無盡也」的感慨。生死浩劫，讓人深切感受到自然永恆與人生無常間的強烈對比，讓人悟出「變」才是人世間最不變的真理。

身處在劇烈變動時代中的我們，該如何因應當代文明滋生的種種問題？千人千面、萬人萬心，一輩子不過是過眼雲煙，不過如黃粱一夢。伴隨無情時光的流逝，渺小的人類也僅是滄海一粟。然而，人們就只能惆悵厭世？只能在弱肉強食的殘酷社會中苟延殘喘、苟且偷生嗎？

古往今來，天下不如意事，十常八九。本書作者提出一種「心」的處世之道──敞開心扉、化解心結，開解不順心的情緒。以小故事闡發大道理，

編者序

用心智圖表有效表達觀點，傳遞給讀者一種觀念：快樂不是一種方法，而是一種選擇。

親愛的讀者朋友們若能在日常生活中運用本書所撰述的開解心法，妥善控管各種情緒，疏通鬱結於心的塵俗煩憂，便能獲得心靈層面的撫慰療癒。願你我都能習得反求諸己之德性，將求助於他人的雙手，轉向自己的內心深處，探尋並覓得打開心鎖的鑰匙。

祝福各位都能「掌中握無限，剎那現永恆」，在細沙中窺見浩瀚宇宙，在花叢間發掘美麗天堂；擁有自信常樂的幸福人生，成為「凡事善解，福心常在」的有福之人。

閱解

第一篇　凡事善解，福心常在

情・結

第二篇　做不記恨的人

受氣是福根

第三篇　學著喜樂

第四篇　遠離怒火

第五篇　化解怨氣

第六篇　戰勝恐懼

第一篇

凡事善解，福心常在

沒有練習情緒管理
任憑糾結的心情日日累積
總有爆發的一天

情・結

一對戀人，男子很多年前漂洋過海，去開創自己的事業。在離開家鄉之前，他的戀人用一條紅絨線打了一個同心結，而這個結後來一直掛在他的腰際。

十多年之後，女子早已嫁給了家鄉的富商，男子也在海外結婚生子。日復一日，年復一年，從前戀人的音容笑貌已經變成了一幅模糊的山水畫，而故鄉的家園，也早已成了夢中的美景。但這個男人，直至不惑之年，還常常對著同心結喟然長歎。

直到有一天，他的兒子看到了這個漂亮的結，非要拿在手裡玩不可，小指一勾一勾的，這個結竟然打開了。

那是一條簡單的絨線，只不過是戀人用她的巧手將之打成了一個繁複的結。世間本來簡潔明瞭的事，只因為用了苦戀癡纏的心就複雜了。

男人由此大悟——線原本就是線，但假以戀人之手，可成為結，用之在心，是為心結；用之在情，是為情結。人大半生的苦、恨、怨、憎、貪、癡常常緣於一些細小的枝節，因為放不開，就成了結。其實一旦想通了，一條線無論成何種形狀，怎樣編織，都還是一條簡簡單單的線。線可成結，鬱結在心；也可還原為線，解線可釋懷……

如果我們每個人都明白了這樣一個道理，那麼，人世間還有什麼事是我們一生都不能放開的呢？

- **沒有練習情智管理，任由糾結的心情日日累積，總有爆發的一天。**
- **隨時開解心結，讓心靈快車暢通無阻。**

開解

第一章　情智管理實驗室

為了有效控制和改變自己和他人的情緒，我曾經自主研發過一套針對現代人的心理課程，並將其命名為「情智管理實驗室」，主要內容是通過對自己和他人內心的認知觀念、情緒能力及行為、態度進行全面的心理評估，然後有針對性地進行矯正。

通過優秀的傳統文化和有效的心理方法，幫助人們確立健康、積極的心態，宣導一種自律、進取的社會心理和文化氛圍，希望能造就千千萬萬個健康、幸福的成功者和家庭。

情緒萬花筒

只要是人就有情緒，情緒是人類特有的天性。什麼是情緒？情緒其實是種很複雜的感覺，是種心理現象的覺知。一般來說，情緒分為喜、怒、哀、懼、愛、惡、欲七大類，每類又可分為三小類。情緒是很複雜的，情緒是覺知、感覺和知覺的綜合心理現象，能用文字形容的情緒覺知就超過一百種，甚至還有很多情緒覺知是無法用文字來形容的。

七情的具體分類

七情	情緒分類	
喜	滿足	樂觀、幸福、自滿、驕傲、狂傲
	快樂	喜悅、高興、愉快
	激動	興奮、狂歡、狂喜、躁狂
怒	煩躁	不滿、不平、急躁
	生氣	火氣、動氣、慍惱
	憤怒	盛怒、大怒、狂怒、急怒
哀	悲觀	失望、消沉、自憐
		寂寞、擔心、憂心
	憂愁	煩惱、苦惱、苦悶
		憂慮、憂鬱、抑鬱
	哀傷	悲傷、傷心、憂傷
		痛哭、哭泣
		泣喪、哀喪

開解

七情	情緒分類	
懼	自卑	畏縮、退縮、焦慮、緊張、警覺、懷疑
	害怕	慌亂、驚訝、畏懼、驚恐、緊張
	恐怖	驚慌、震驚、詫異、驚恐、恐懼症、恐慌症
愛	慈愛	親情、長輩的疼愛、寵愛
	友愛	友誼、友善、信賴感
	愛情	感情（男女之間的曖昧）、愛情、癡戀
惡	討厭	厭惡、不喜歡、輕視、輕蔑、看不起、譏諷、排斥
	羞恥	愧疚、尷尬、懊悔、慚愧、羞恥、恥辱、悔恨
	仇恨	嫉妒、怨恨、埋怨、仇恨
欲	欲望	希望、願望、企圖、期待、祈求
	願望	需求、欲望、渴望、性欲、愛欲
	匱乏	痛苦、難受、挫折、失敗感、絕望

情緒由心生

按照《人生可以美得如此意外》一書作者周士淵的研究，這不自覺的行動很快會演變成一種習慣，習慣堅持久了就成為自然。根據心理學的研究、對各宗教心靈修養的比較以及長時間對人際關係的探討，我們發現人的心理會把對事情的認知儲存為記憶，並將內心的記憶表現出來，形成口中的話、口中的話題，進而產生行動，形成了做人的態度，而做人的態度會造就他一生的命運。這些心理邏輯，經過整理後，就是我們以下要討論的心之認知作用及情緒的心靈哲學理論。

根據心靈哲學的心識邏輯，我們發現情緒是從內心想法所產生出來的，內心有什麼想法就會產生什麼樣的情緒。內心想著不公平的事，就會產生憤

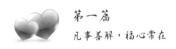

怒的情緒；內心有擔心的事，就會產生煩惱、憂愁；相反的，內心不知道或內心沒有煩惱，自然就無憂無愁。本書應用情緒的心靈哲學來分析情緒的扭曲現象，探討情緒的邏輯道理，瞭解情緒的心理自然現象，進而能夠應用智慧管理情緒。

情緒從內心想法產生出來

心（Mind）是什麼

為什麼情緒由心生？心又是什麼？心如何定義？心有什麼功能？心的功能如何運作？心理學家將「心」定義為：具有記憶、想法、認知、思想、思考、感覺、知覺、情緒和感受神經，英文翻譯為Mind。

心靈哲學家認為「心」具有思考、思想的功能（簡稱思想心），儲藏記憶的功能（簡稱潛藏心），想法認知又有感覺、知覺、情緒知覺的功能（簡稱覺知心），感受訊息的功能（簡稱感受心）等四種心的認識功能。

心識功能

（一）感受的功能（感受心）

感官神經感受外在事物產生神經訊息的功能，稱為感受心或感識，又稱第一心。例如，眼睛感受光線刺激而產生事物形狀的神經訊息功能；耳朵感受聲音產生聲音的神經訊息功能。感官功能除了眼睛看、耳朵聽外，還包含鼻子嗅氣味、舌頭嘗味道、皮膚觸摸、意念興起等。感受心有如照相機將景物影像輸入電腦記憶庫、答錄機將聲音訊息輸入電腦記憶庫、掃描器掃描資料輸入電腦記憶庫。

用照相機、答錄機來比喻感受心（眼、耳）

人腦	感受功能 感官：眼、耳、鼻、舌、身、意
電腦記憶庫	眼睛就如照相機 耳朵就如答錄機

（二）潛藏的功能（潛藏心）

心識有儲藏記憶、認知，建立心態，潛藏技能、經驗的功能，稱為潛藏心或藏識，又稱為第二心。記憶經驗潛藏內心深處，不用時不知不覺，潛藏心功能有如心理學的潛意識，因此又稱潛意識。

記憶：儲存在腦裡的事物、印象，記錄在內心的過往事蹟、記錄。

認知：對事情或人物的詮釋、解讀和定義。

心態：心裡的主張、想法、看法和觀念。

技能：學會的技術、技能。

經驗：看過、聽過、做過的既往經驗。

潛藏心還有處理記憶、綜合運作記憶資料的功能，有如電腦主機具有儲存、處理資料等綜合運作功能。

用電腦主機來比喻潛藏心

人腦	儲存記憶、認知，建立心態，產生技能、經驗，可自主運作
電腦主機	儲存、處理資料等綜合運作

（三）覺知的功能（覺知心）

心有感覺、知覺、情緒覺知的覺察功能，稱為覺知心或覺識心，又稱為第三心。覺知心產生覺知、顯示意識的功能，取「顯意」之意，即為意識。心靈感受外界訊息，進入潛藏心綜合處理後，產生的感覺或情緒覺知過程。例如，目睹令人不快之事，進入潛意識、經過綜合處理後產生憤怒的情緒。以電腦功能作比喻，覺知心的覺知功能有如電腦螢幕顯示器的功能。

用電腦顯示幕來比喻覺知心

人腦	感覺、知覺、情緒覺知之覺
電腦顯示幕	顯示、顯像的功能

（四）思考的功能（思想心）

人腦有思索、思考、分析、判斷的功能，可稱為思想心或想識。思想心是心識作用中的思和想，對事物進行考量、評斷、檢索等功能。思想心有如下功能：

思索：檢索、索取潛藏心記憶資料。
思考：檢索出來的資料加以考慮、過濾。
分析：檢索出來的資料加以衡量、分析。
判斷：經過思量後做出決策及行動。

思想心與電腦作比較

人腦	思考、思索、分析、判斷
電腦	電腦沒有思考能力……

第二章 情緒的心識作用

情緒的心理運作過程，從感官神經感受資訊進入潛藏心，經過原有記憶綜合處理，產生情緒認知，有了情緒覺察之後，進一步思考、想像、分析、判斷，再改變原有觀點認知，改變記憶資料，儲存為新的記憶，或者選擇避開不再感受。

例如，眼睛看到對自己不利的行為，進入潛意識經過原有記憶認知判斷其為不合理，產生憤怒的情緒，但經過進一步的分析，不與之計較，而改變原有記憶觀點或選擇離開，即所謂眼不見心不煩，此種情緒的心理運作稱為情緒的認知作用。

情緒的心識作用可以用下圖進行表示：

心識作用

認知作用的功能可以用電腦處理的功能打比方：

人腦心識作用與電腦運作功能作比較

心識功能的互動關係

在心識功能的運作過程中，潛藏心儲存的記憶會左右情緒和覺知，再通過思考改變潛意識中的認知，改變後的認知則會影響下次的情緒感受。換言之，心感受到的信息能改變潛意識的認知，而認知左右情緒，思想則能改變記憶、認知並指揮心的感受，故心的功能會互相影響。

（一）潛意識的想法左右心的情緒

對外物的詮釋、解讀會成為潛藏心的記憶，進而影響覺知心的情緒。

潛藏心左右覺知心的情緒

潛藏心的想法

1. 記憶、經驗不同
2. 詮釋、定義不同
3. 執著或想開，心態消極與否
4. 注意與否，懂或不懂

↓ 影響 產生

覺知心的情緒覺知

情緒會隨潛藏心想法不同而產生相異詮釋

1.潛意識的想法對同一事物的不同詮釋會影響情緒

被別人說是豬，若潛意識將豬詮釋為既髒又懶的動物，就會感覺被侮辱而產生憤怒；若潛意識將豬詮釋為樂觀豁達的吉祥物，就不會感覺憤怒。

2.潛意識的記憶會因為懂或不懂、知或不知而影響情緒

外國人不懂被咒罵的方言內容而不怒，不知親友發生變故而不會憂傷。

3.潛意識的記憶會因為有與無而影響情緒

若無特別留意街邊廣告招牌，就感覺不到其存在；若無特別聆聽周遭的車聲、機械聲，就感覺不出其存在。若不把事情掛心上，就不會有煩惱。

4.潛藏心會因執著而影響情緒

對人有成見或認為他是壞人，因此生氣、怨恨；得不到想要的東西，因此痛苦、惆悵。若能不執著，就不會感覺遺憾、難過。

5.潛藏心的心態、觀點會左右情緒

同一件事，消極的想法會使人產生憂愁，樂觀的想法則使人變得輕鬆。

潛藏心左右覺知心的情緒覺知

感受心	潛藏心	覺知心
聽到豬	詮釋為笨的動物，定義為嘲笑、侮辱	憤怒
	詮釋為吉祥動物「金豬」，定義為祝賀之話	不會生氣
聽到狗屎	不懂或不知	不會生氣
街邊招牌 周遭噪音	內心沒有或不注意	視而不見 聽而不聞
煩惱的事	執著想不開	憂愁
怨恨的事	執著想不開	憤怒、怨恨
同一件事情	心態、想法、認知消極	憂愁、煩惱

（二）思想心可以改變潛意識的想法認知

1. 思想心透過思考，重新詮釋、改變對事物的定義

產生情緒覺知後，思想心會思考、衡量並改變潛藏心原有認知。例如，因為被罵豬而感覺憤怒，但經過思考後，改變對豬的定義或思量對方修養不夠而不與其計較，便不會再因此生氣。

2. 轉移思想心的注意力

應用思想心去思索其他事情，阻止潛藏心繼續輸出不愉快的想法，這就是轉念。例如，透過想其他事情而忽略被罵豬的事。

思想心改變潛藏心的想法

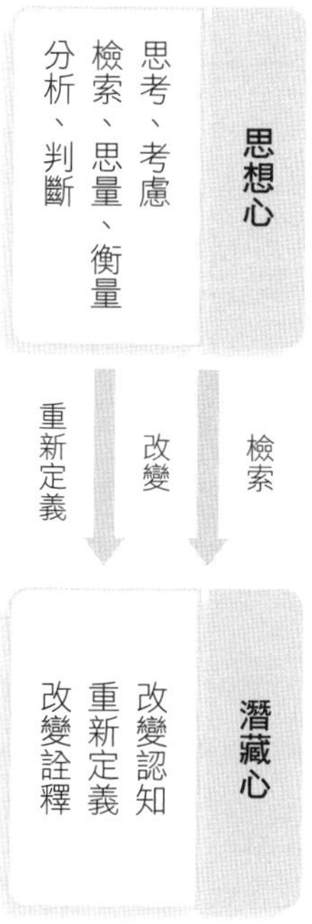

（三）感受心汙染或淨化心的想法

感受到的資訊進入內心，會形成儲存的記憶認知。例如，眼睛看到的事物，耳朵聽到的聲音，進入形成的記憶，而它有可能產生「情緒認知扭曲」現象。

感受心影響潛藏心的想法

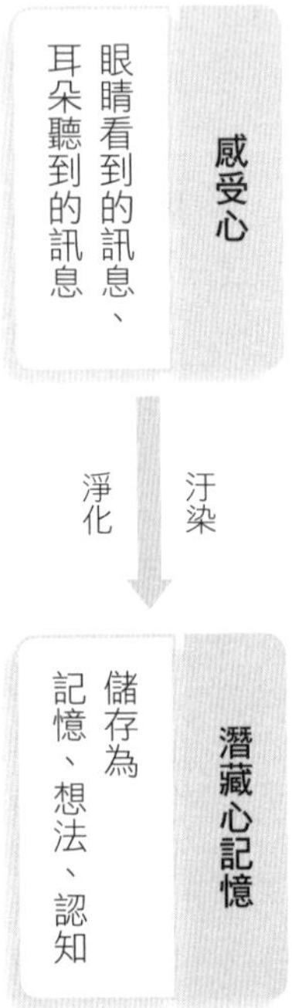

（四）指揮心的感受

心經過思考、判斷之後，指揮心繼續或停止感受。例如，被對方責罵，思考判斷之後逃離現場，避免繼續受刺激。

思想心指揮感受心

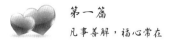

情緒的心理自然現象

應用心的認識功能的分析方法和心靈運作過程，可以發現很多以下情緒所產生的心理自然現象。

1. **情緒感覺扭曲的自然現象**

眼睛所看到的東西，大部分我們會視而不見；耳朵所聽到的聲音，大部分我們也會聽而不聞。同一樣東西，隨著各人認知的不同，會產生不同的情緒，這就是情緒覺知的扭曲現象。

2. **愁更愁，憂更憂，越吵越凶，越想越氣的心理現象**

生氣憤怒時，意識處在焦點意識狀態下，思考集中在特定範圍內，思索某一煩惱的焦點，心的認識能力只能處理能思之心所檢索的記憶，潛藏於心的心念受抑制，不會自主浮現出來。

3. **冷靜可以控制情緒**

冷靜意識狀態可以啟發靈感，發揮潛能，是因為冷靜意識狀態下，心的分析判斷力和潛藏於心的心念有了充分配合。

4.邪不勝正的心理現象

邪者潛藏於心內的記憶，在清醒時，能夠應用心的抑制力進行壓抑，但在危急時，心自主發揮，心的抑制力無法控制而出差錯；同理，善有善報，因為善者潛藏於心的記憶認知為正，意識自然會產生善的迴圈。

5.制怒的心靈法則

憤怒是認知受委屈或感到不公平，如果改變認知，重新定義認知，顯示出來的情緒感覺自然不一樣。

6.以心療心

用能思之心治療潛意識、意識。

7.知足常樂的心理原因

知足是潛意識知道滿足點，一旦達到或超過滿足點，認知自然會產生快樂的情緒。

8.溝通談判的心靈方法

講得清清楚楚，聽得明明白白，避免聽話扭曲現象，應用心的認識作用及心靈方法談判，談判可以百戰百勝。

9. 知欲節欲的自然法則

欲望是行動力之泉，願大力大；欲望也是痛苦之源，沒有節制的欲望會帶來痛苦的情緒。

10. 禪修放空的心靈哲學意義

把潛藏於心中不愉快的記憶、資料放空。空，是「無」的意思，也是內心「沒有存在」之意，放空內心負面的記憶，將負面的資料忘記或放在一邊不去想它。

還有許許多多其他情緒管理的用詞，看似道德八股，但如應用心靈哲學及心的認識作用的邏輯道理，就可以將它解釋得淋漓盡致。因此閱讀本書須先讀明白心靈哲學理論，再配合看案例故事，才能懂得情智管理的方法。

第二篇

做不記恨的人

一個記恨的人
將會把自己關在仇城之中

受氣是福根

黃興沒有考上大學，因而從事勞力工作。有一天他需要替一所大學的第十五層樓送水，可是樓下的警衛不允許他搭乘電梯上樓。

他和警衛爭執起來，認為電梯沒壞，為什麼不能搭。警衛挖苦他沒有資格使用電梯，因為只有教授才能乘坐電梯。黃興哀求表示，搬這麼重的水，又是去十五樓，請警衛網開一面讓他坐電梯。只是，無論怎麼哀求，警衛堅稱有明文規定只能讓教授使用，故不允許他搭電梯。黃興咬著牙一步步地把十桶水搬上了第十五層樓。他恨透了警衛，但他並沒有進行報復，而是發誓一定要發憤圖強。

後來，黃興不僅考上大學，還成了有名的教授。甚至他還開了公司，經營得非常成功。因為有了年少時的這項經歷，他遇事從不記恨，反而時常感謝傷害自己的人。因此，使自己做事總有動力，心情也常保愉快，每個人都很喜歡他，事業便蒸蒸日上。

一個偶然的機會，他得知，不是當時的警衛惡劣，而是當天大學裡剛巧有個非常重要的會議，與會者是來自世界各地名校的教授，校方為了接待嘉賓，特意僱請警衛嚴格把守電梯，不許其他人隨意乘坐。而這個被雇用的警衛又是個固執不多話的人，以至於帶給黃興很大的傷害，不知情的黃興沒有記恨報復，還因此開始奮發，故獲得人們常常稱羡的「上天的厚待」。

心中有仇、有恨的人，如同身陷心牢仇城的囚徒，不得自由。唯有擺脫煩惱，走出恨獄，才能重獲自由自在的生命。

當別人傷害過我們後，常常會在內心留下恨的記憶，內心始終存在報復的想法，伺機將仇恨加倍奉還。

現實生活中，人們常因一些細故、矛盾而記仇、記恨。人一旦記恨，就等於給自己判了數年的仇刑，將自己關進了心牢，便開始受盡人生的折磨。典型記恨的例子就是鄭捷，因為記恨於兩位國小同學，又沒有接受情緒管理的輔導，任由記恨的情緒泛濫而不加管控，導致在心牢中受盡折磨，走上絕路。而上面這個例子中的黃興，從不記恨開始，進行情緒管控，把恨意轉化成動力，因此獲得成功和快樂。

鬧解

這類事情，單從法律和道德角度去解釋是遠遠不夠的。一般人不能控制恨的情緒，主要原因不僅僅是道德和法律意識方面的問題，更重要的是對恨的情緒無知、無解，缺乏正確的情緒管理概念所導致。

有才而性溫之人是為大才，有智而氣和之人是為大智。

第三章　仇恨之心不可長

仇恨是兩面刃

仇恨的情緒就像一把雙面刃。一方面，它能增強人們奮勇前進的鬥志，為了報仇而立志與仇人「不共戴天」，為了雪恥而產生奮發圖強的力量；另一方面，一個人的仇恨心太重會使自己受苦，因仇恨而產生的痛苦會使人坐困「仇」城。

惡由心生

潛藏心（心態）

對事、對物的不喜歡
對自己所作所為的後悔
對人的不滿意、抱怨

↓

情緒

厭惡、噁心、慚愧、怨恨、仇恨之覺

惡的心識

惡的情緒分為三種，而仇恨是比厭惡、羞愧更為深層的惡情緒。

厭惡、羞愧及仇恨三種惡情緒的比較分析

分類	狀態描述
厭惡	惡是對別人不好的行為有厭惡之覺，主要有討厭、不喜歡、輕視、輕蔑、看不起等情緒。 一般情況下，人類心中一旦產生認知上的厭惡，情緒系統就會產生厭惡之覺和討厭的情緒。
羞愧	羞是對自己不好的行為，有不恥的感覺，主要分為羞恥、慚愧、愧疚、恥辱等幾種。 根據羞的情緒之不同，其慚愧、不好意思等感覺也有不同。
仇恨	恨是懊悔、怨恨等覺知心；怨是有指責、責怪、不滿意的想法；仇恨是與對方勢不兩立，把對方當作敵人的情緒覺知。 一般情況下，仇恨可分為嫉妒、悔恨、怨恨、仇恨、仇視、敵意。

惡的偏執

（一）厭憎

討厭，此情緒主要為我們對某人、某事、某物的不喜歡。例如，不喜歡某人的長相，因為這種長相曾給自己留下厭惡的記憶，所以一看到類似的長相就產生不喜歡的感覺；不喜歡某人講的話，可能是因為他滿嘴髒話或他咄咄逼人的態度，也可能是對他有成見、曾起衝突或結過仇。

智者曾云：「天下沒有不可原諒的人，天下沒有不喜歡的人，天下沒有不能相處的人。關鍵在於你如何去和這些人相處。如果有不喜歡的人，那一定是自己內心的想法和認知有問題，不喜歡的感覺是潛藏心不良記憶或經驗所引起的。」

所以，要不斷試著去喜歡別人，展現自己的親和力，從內心找出厭惡人的原因，把以前不良的記憶釋放出來，從而原諒別人。當內心寬恕原諒別人之後，通過自己的言行舉止自然會表現出來，無形中會感化別人，獲得對方相同的回應，化解雙方的厭惡之心。

（二）不屑之事

每個人都有自己不喜歡的事。如有人不喜歡應酬，有人不喜歡喝酒，有人不喜歡閒聊，有人不喜歡唱歌，有人不喜歡公眾活動……

我們可以想想，自己為什麼不喜歡這些事？為什麼不屑於去做這些事？這些事是否曾經使我們出過醜或被嘲笑過？為什麼我們會認為這些事不值得去做？

其實，我們喜歡的事越多，生活會越有活力，人生也會越精彩。

（三）偏食

偏食也是一種惡情緒。遇到偏食的人，可以試著幫其進行味覺的開拓，解除偏見，去執偏食。有的人不喜歡吃這樣蔬菜，不喜歡吃那樣水果。不喜歡吃某種食物或只吃某類食材都是偏食的一種。偏食會給自己或他人帶來不利、不便，因此，摒棄偏食，要從內心的記憶認知開始糾正。

（四）嫉恨

嫉妒之覺

心態：感覺不如別人

↓

情緒：覺得尷尬 心酸，不喜悅

當你被稱讚表揚、被記功或領獎時，父母會感到同樣高興，老師也會倍感快樂，為你祝福，但是其他人並不見得會有相同的感受。當你被父親讚美時，弟弟可能會有被冷落的感覺；當有人稱讚你漂亮時，閨密可能會感覺有些心酸；當你考滿分或學業進步時，同學可能會產生不如人之感；當你領的薪資或獎金比同事多時，同事可能會興起不快的情緒；當你賺大錢或事業有成時，親朋好友或街坊鄰居也可能會因而覺得自己比較失敗，而這些都是嫉妒的情緒，也是認知的自然現象。

因此，我們應儘量切記，成功時要懂得謙虛，力求做到領獎金不展現、賺大錢不炫耀，將成功歸功於大家，將成就與大家同享。

總之，不要恨別人，也避免被別人恨！

惡的扭曲現象

（一）恨的起源

1. 由愛生恨

戀愛時，人們內心會自動美化對方，認為對方十全十美，認為兩人如膠似漆，發下山盟海誓，產生甜蜜感覺，雙方愛得死去活來。然而，一旦發現被對方欺騙或是對方不忠，內心儲存的認知就會發生變化，開始認定對方不對、不好。戀愛時認為對方十全十美，是愛的情緒扭曲，失戀時認為對方十惡不赦，是恨的情緒扭曲，這就是由愛生恨。

2. 愛恨變化過程

愛與恨之間的變化在於人們內心的想法和心態的不斷轉換之中。

(1)懷疑愛人對自己不忠。

很多人發現愛人紅杏出牆或與他人有親密言行，會感覺噁心、厭惡，而無法再繼續喜歡對方，也無法再用心體會對方的愛。

(2)失寵。

對方不再順從自己的心意，對方言行舉止開始有些微改變，會使人產生失落感，繼而產生不受重視的感覺，甚至最後會演變成恨的情緒。

（二）恨的情緒扭曲

當某個人被別人視為「壞人」時，別人關於他的一切資訊都會詮釋為「壞的」，他的一切行為都可能被別人視為邪惡的、醜陋的，他的一舉一動、一言一笑都會被解讀為「有惡意，壞人就是壞透了」，甚至連與他相關的人事物都會一起被否定，看到他就會不舒服，聽到他的事就會不開心，想到他就會有恨的感覺。這就是恨的情緒扭曲現象。

恨的情緒扭曲

周士淵先生在《人生可以美得如此意外》一書中講述了當年自殺的悲慘故事——喝下濃度百分之九十八的硫酸，胃被切除了十分之七。照理來說，他即使活下來也會是個身心皆化成一片廢墟的老病號。但是，他後來卻擁有了美得如此意外的人生。他的書成為了改變很多人命運的「寶典」，除了那些神奇而簡單的方法之外，「不記恨」更成為他能徹底改變人生最重要的基礎。整本書沒有一句怨恨之詞，對當年的自殺事件也只是輕描淡寫地用「重度抑鬱症」交代。倘若他不肯原諒別人，還將自己關在心牢仇城中，他的人生怎能走得出黑暗歲月？

別把仇恨放心上

（一）情緒的心牢

心牢

1. 心牢

對於受辱的事，總是耿耿於懷，回憶遭受到的傷害，心就疼痛，想到仇人就恨之入骨，與他不共戴天，仇恨之心無法自已，猶如把自己困在仇恨的心牢之中，走不出來……

陳生與弟弟吵架，一直懷恨在心，雖然同在一個院子卻互不往來，偶爾遇見也是怒目相視。每當想起其弟，心裡就不舒服，悶悶不樂，痛苦萬分，有如關在怨恨的心牢裡。

有一次，其弟弟生病，陳生心想畢竟是自己的弟弟，應該去探望他。在想開那一剎那，心裡豁然開朗，不再怨恨，就好像將自己從怨恨的愁城中釋放出來一樣。

2. 恨獄

人們往往對可恨的無情郎、對移情別戀的女友、對離家出走的妻子恨之入骨。怨恨之心、痛苦之覺，使人如坐針氈、令人痛苦難受。

恨獄

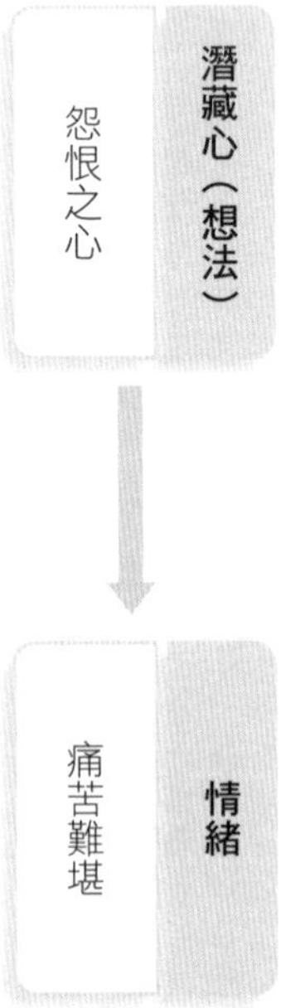

（二）怨恨心的殺傷力

心懷怨恨，無法自制，一旦爆發出來，產生的破壞力會傷害對方，甚至毀掉自己。

記恨之心不可長，報復之心不可有。吵架過後需要想開，不要記恨，不要放在心上，否則只會越想越恨、越積越恨，困擾了自己的情緒。如果不小心受到羞辱、遭到創傷，那麼，或找人仲裁、或依法訴訟，切勿私自報復，應借法律和正當途徑討回公道，並採用「改善心靈的八大心識方法」來調整情緒。

第四章　走出心牢，遠離仇城

善惡二分的謬誤

（一）有仇必報的落伍觀念

生活中，有的人曾經受過害、吃過虧，因而產生「仇恨」。大多數人都會錯誤地認為「此仇不報非君子」，一定要伺機打擊報復。但是，往往報復過後又引起對方的報復，從而導致一代有仇，代代為仇。

其實，別人的過失一旦對自己造成傷害，損失就已經產生了，若把仇恨記在心上，將造成自己長時間的痛苦和不快樂。此種仇恨之心，無疑是將自己關在仇恨的堡壘中，反而造成對自己的二度傷害。別人已有錯誤在先，我們又何必再用別人的錯誤來懲罰自己呢？

電視劇《錦繡未央》中，唐嫣飾演的馮心兒，本是受盡寵愛、無憂無慮的北涼公主，因父王被叱雲家族誣陷叛變，北涼王室在一夕之間屍橫遍野，天之驕女從此漂泊異鄉，但她沒有因為滅門血案而心存報復，反倒勇敢地面對坎坷命運，堅韌地化解各種苦難，展現高度智慧與寬宏氣魄。她捐棄個人私仇，以國家大愛為優先，最終平反家族名聲、獲得動人戀情，還成就了錦繡河山。反之，作惡之人皆不得善終。罪行敗露的叱雲南被太武帝削弱勢力並遭皇室追殺而中箭身亡，急於立功而無惡不作的李敏峰則被革除官職、發配充軍並遭殺人滅口。這部戲劇中的其他角色，也因為內心對仇恨的詮釋不同，最終有了迴異的下場和結局。

（二）善惡二分的僵化觀念

天下沒有絕對的好人，也沒有絕對的壞人，好人與壞人的二分法，容易造成認識的僵化。

戲劇中，對人性的描述、人物的塑造往往將人性善惡二分——總是喜歡把那些邪惡又奸詐的壞人刻畫得入木三分，壞人給人的第一感覺就是獐頭鼠目，舉手投足都讓人感覺他鬼鬼祟祟的，似乎有不好的動機和做壞事的念頭。

開解

事實上，好人在一般情況下並不全然十全十美、英俊瀟灑、心地善良，但戲劇中的好人時常是個品行端正、相貌堂堂的人，然後總是會先被壞人陷害，而後善惡各有所報，戲劇才會圓滿結束。

其實，人性都有善良的一面，也有醜陋的一面。很多事情的發展，往往沒有絕對的對與錯。人與人的衝突，大部分是溝通的問題，而非對錯的問題。因此，不要不明就裡地就將人劃分為絕對的好人或絕對的壞人，也不要隨意地就抱持著憎恨、厭惡別人的心態。

理直氣柔

通常，本來很要好的兩個人，在有了成見之後就很難溝通，容易起衝突，而在衝突發生後，會互相抱怨、互相中傷、互相攻擊。因此，一旦結怨或有成見，就必須有所警覺，不宜繼續互相傷害。

人們常常說「理直氣和」，意思是當自己有理時，不要理直氣壯、不要得理不饒人，而要氣度柔和地學著寬恕別人，冤家宜解不宜結。

事實上，天下沒有不可諒解的事，沒有不能相處的人。如果你不想化解衝突，那麼衝突將永遠困擾著你。

原諒別人，釋放自己

釋迦牟尼佛曰：「恨永遠無法止恨，只有愛才可以止恨。」一般情況下，內心懷恨他人，別人是不知道而且體會不到的，痛苦的還是自己。為了使自己快樂，就要學會寬恕別人，想出原諒別人的理由，給自己找台階下，走出怨恨的心牢；或者感到受辱後，產生發憤圖強的願望，努力拼搏，用成功來獲得真正的尊敬。

受金融海嘯的波及，蔡文失業了，生活因此陷入困境。於是，他決定將心愛的車子賣給好友郭祥。

郭祥看過車子後，多次討價還價，將蔡文原本預估的十萬元下殺至八萬元。雖然損失的只是兩萬塊錢，但對蔡文來說，這兩萬塊卻是重要的救命錢，因為如果多了這筆錢，蔡文就能有更充裕的時間找新的工作。

更沒料到的是——郭祥付款時竟要求由蔡文支付相關手續費。最後，蔡文真正拿到的現金只剩六萬多塊錢。

一開始，蔡文心裡又氣又恨，但他很快就釋懷，並不再追究此事。他認為，把車賣給朋友總比賣給車行好一些，最起碼自己想看愛車時還能看得見。再者，郭祥是自己的朋友，願意幫自己接手這輛「吃油就像牛喝水」一般的中古車，也幫自己省去不少瑣碎而煩心的事。因此，他並沒有對郭祥懷恨在心，兩人的關係也沒因此變質。

半年後，蔡文的經濟狀況好轉，郭祥又以更低價把車子賣回給蔡文，並自願支付一切相關手續費。

蔡文用最快的速度化解了可能產生的恨意，沒有把自己關進心牢，反而以良好的情緒、態度重新振作，贏得了朋友的敬佩還獲得了更好的回報。試想，假如他當初記恨朋友，結局還會這樣皆大歡喜嗎？

培養作為領導者的胸襟和氣度

古代打勝仗之後，戰勝方要主動安撫戰敗者的民心，將來雙方才能和平共處。

周武王使商朝及各地方國歸降後，舉行告捷禮和社祭，分封諸侯並安撫殷商遺族餘黨。

潛藏心（認知）
對人：從寬認知
對事：從寬詮釋

↓ 產生

情緒
正面情緒

主管與部屬發生爭執，主管應先伸出手與屬下言和，否則與部屬冷戰、結仇，對主管的領導能力與工作績效會產生不利的影響。

張經理對劉董事長心懷怨恨，時常帶頭抗命，態度仇視，讓劉董事長很傷腦筋。

有一次，劉董事長出國考察，在免稅店看到一只名錶，劉董心想：「張經理和我共事將近三十年，我應該好好感謝他。」因而買下這只手錶送給張經理。

說也奇怪，兩人從此以後前嫌盡釋，不再有爭吵了。

開解

一個人的度量不只是金錢資助或金錢施捨來衡量，更在於能夠給予對方肯定和關愛，使對方有被尊重、包容的感覺。

遠離仇恨的五種心法

仇怨一旦結成，一時之間當然很難忘懷，所以要特別修養出五種常心，才能遠離仇怨，使自己自由自在。

（一）感恩的心

龍哥被侮辱、嘲笑後，一聲不吭地離開現場。從此，鍛鍊體魄、刻苦攻讀，最後，名揚國際、遠近馳名。獲得成功與幸福的龍哥，不但沒有懷恨和報復那些曾經欺侮他的人，反而常常感謝他們的砥礪，藉由感恩之心，鞭策自己要努力不懈。

想一想所恨之人，曾經有緣相處過、曾經一起共事過、曾經彼此相愛過，感謝對方曾愛過我、曾激發過我，甚至曾傷害過我，讓我不斷強大、茁壯。小人就是貴人，若能化悲憤為力量，心存感恩，便能無怨無悔。

（二）慚愧的心

生活中，人們常常因慚愧之心而滋生上進心。

應做而未做的事情，因為有了慚愧之心，所以能夠立即主動去做。應努力而未努力學習與工作，因為有了慚愧之心，所以以後能夠更努力。應盡責而未盡責的事情，因為有慚愧之心之後，所以未來能夠盡自己的責任。已做但未做好的事情，因為感到慚愧了，所以未來將會做得更好。應斷未斷，已斷未盡的事情，因為下定決心了，就會時刻保持慚愧之心，常保上進心。

這些就是慚愧之心，有了慚愧的心態，就能夠慢慢化解恨意。

（三）懺悔的心

懺悔是悔過的意思，對自己不正確、不恰當的所作所為釋出歉意。懺悔之心是檢討自己不該做而做、應該妥善處理卻沒處理完善、應該讚美而沒有表揚、不該爭論卻言行衝動等，檢討自己的不應該或者自己對別人造成的傷害。

懂得懺悔，恨意又怎能不被化解？

（四）寬恕的心

為了自己的快樂，為了能夠走出心牢，我們需要寬恕可恨的人，設法去找理由原諒。寬恕了，原諒了，自己就能被釋放，不再坐困於仇恨的煉獄。

蔡總裁發生財務危機，債主討債不擇手段、無所不用其極，甚至誣告蔡總裁欺詐，還要求法官裁定蔡總裁限制出境。但是，蔡總裁始終保持冷靜，坦然面對，心想：「假使我站在對方的立場，或許我也會這麼惡劣狠毒。」

事隔多年，債主竟然也發生了財務危機，反過來要求蔡總裁協助，蔡總裁盡己所能幫忙對方走出困境。於是，雙方保持良好的互動關係，成為良好的合作夥伴。

（五）慈悲的心

慈悲是一種善良之心、疼惜之心、助人之心。如果我們珍惜別人，就會疼愛自己。當內心產生慈悲的念頭，就會願意主動幫助別人。廣結善緣，珍惜他人，早晚會獲得相應回報，結怨、結仇的事就不會出現在你幸福的生活中。

種植內心善念，遠離仇恨

思想心（常思）

思考別人的恩惠
自感不足的想法
反省自責
寬容原諒的想法
憐惜別人的想法

↓ 種植

潛藏心（常存）

感恩心
慚愧心
懺悔心
寬恕心
慈悲心

↓ 產生

情緒

知足、惜福心
精進、努力之力
糾正、改過之勇氣
無怨、無仇之覺
憐惜、幫助之感

第三篇

學著喜樂

凡事往好處想
常保幸福之心
常樂必須從
改變內心認知、想法開始

歡喜心

演員演戲，有時要哭，有時要笑，何以能夠控制自己的情緒？因為他很投入：演爆笑的情節時想著能讓人發笑的事；演哭戲時則想著自己很可憐或想著讓人感到痛苦的事。因此要控制情緒就要控制好自己的心，從內心的想法開始，假設身處其境，心裡想的是不愉快的事，產生的就會是生氣不悅的情緒。情緒管理從心開始，要有愉快的人生，就要學習小丑，自娛娛人，希望讓別人高興，也能為自己帶來快樂。

這裡有三則關於「歡喜」的故事，它們都無不強調歡喜心在我們生活中的重要性。

用快樂的心包容一切

范天仇與人合夥做生意，結果掌管財務的合夥人捲款潛逃，公司發生財務危機，很快地就倒閉了。范天仇不僅失業，還背負沉重的債務。一整年下來，范天仇天天垂頭喪氣。有一次，他到寺廟裡參拜，看到彌勒佛獨特的造型，肚子圓滾滾，滿面笑容。他恍然大悟，這不就是「肚大能容天下事」嗎？原諒仇人才能使自己快樂。於是，他請了一尊彌勒佛回家，擺放在供桌上，提醒自己要多用歡喜、快樂的心去看待世界和他人。

愉人也是愉己

吳優是個小業務員，平時總是西裝筆挺，表情非常嚴肅，心情也常是繃得緊緊的。一個偶然的機會，他看了《憨豆先生》（Bean）的喜劇。他才頓時想通，小丑不拘形象，不僅是為了娛人，也是為了悅己。於是，每次出門前，吳優都會對著鏡子動動眉毛、瞪瞪眼睛、彎彎嘴角、甩甩雙手、扭扭腰、大笑幾聲之後快樂地出門，從此他的工作變得輕鬆，人緣變好，生活也更加快樂。

無人島上的椰子朋友

一架快遞公司的貨機，中途失事了。一位送貨員幸運地掉落在荒島海邊

開解

並存活了下來。但是這座荒島上沒有人煙，送貨員每天都覺得孤獨。有天，他吃完了一顆椰子，靈機一動，便把椰子做成了個人頭，畫上眼睛、鼻子、嘴巴和笑臉，並取名為威爾遜（Wilson）。感覺寂寞時，送貨員就對威爾遜寒暄個幾句再講幾則笑話。生活因為有了聊天的對象，他也不再那麼空虛寂寥了。

- 幸福只寫在快樂的人的笑臉上。
- 苦惱，增加的是皺紋；歡喜，延長的是生命線。
- 學習歡喜要從內心的想法開始，改變想法就能夠快樂。
- 自暴自棄，就是在重重困難的包圍下，又在你的心裡打上一個大大的結。

第五章　如何看待喜悅

托爾斯泰在他的散文名篇《我的懺悔》中講了這樣一個故事：

一個男人被一隻老虎追趕而掉下懸崖，慶幸的是，在跌落過程中他抓住了一棵生長在懸崖邊的小灌木。但是，他發現，在自己的頭頂上，有一隻老虎正虎視眈眈地盯著他；低頭一看，懸崖底下也有一隻老虎。更糟的是，還有兩隻老鼠正忙著啃咬懸著他生命的小灌木的根鬚。絕望中，他突然瞥見伸手可及處生長了一簇野草莓。於是，這人摘下草莓，塞進嘴裡，自言自語道：「多甜啊！」

在我們每個人的生命進程中，當不幸、痛苦、危難，甚至絕望向你逼近的時候，你是否懂得享受一下野草莓的滋味？

凡事善解，福心常在。

喜也有負面作用

每一種情緒都有正面的作用，也有其負面的影響。但是，一般人大多認為喜的情緒就是好的情緒，也就是我們所追求的。俗話說：「樂極生悲」，凡事往往過猶不及，其實喜的情緒也有不良的效果。

太過樂觀，就會失去警惕性，容易出差錯；太過正面的想法，容易失去危機意識，面臨危機而不自知。

太過安逸，就會樂而忘憂，對任何事都不擔心、不憂心，出現樂不思蜀的現象。

無欲寡欲，沒有誘惑之事，沒有驅策力，沒有努力奮鬥之事，就會失去鬥志和毅力。

太過得意，太過順利，總是被恭維、被寵愛，容易產生驕傲而不自知。太過自信、狂傲，容易顯現傲慢的情緒，產生囂張的態度，說出狂傲的話，行為也會變得狂妄，從而得罪他人，走向失敗。

喜悅的心態

快樂的情緒是來自心識作用的自然現象，它是從潛藏心的內心想法、認知經過覺知心產生出來的，不是顯意識所能控制的。沒有人能夠想快樂就快樂，想高興就能夠馬上高興起來。很多人在生活和工作中總表現出心不甘情不願的樣子，試問這樣的人怎能不痛苦？俗話說：「知足常樂」，想保持喜悅的心態，就應該知道各種能帶來喜悅的滿足點。

（一）順意（順心、稱心如意）

稱心如意

思想心（思考）
內心需求的事
內心欲望的物
內心祈求的願望

↓ 目標實現

情緒
覺知快樂
覺知喜悅

人們內心想的每件事都達到預期目的，或是得到需求、渴望的東西，就會高興，此即事事順心。例如，長期工作繁忙的人，遇到週末或是想到連假即將到來，都會感覺高興。

（二）滿足

滿足而樂

人們內心認知的需求達到了就能滿足。潛藏心認知滿足，覺知心就會快樂。例如，經常三餐不濟而貧窮的人，偶爾吃到美食會很高興；餐餐大魚大肉的富貴人家，即使天天吃美食，內心也不會滿足，無從覺知快樂。

（三）預期心

達到或超過預期心時覺知快樂

潛藏心（目標）
張三：八十分
李四：不及格

超過心理預期

情緒
張三得九十分很高興
李四得六十五分很高興

人們對事情的結果都會有預設的目標，一旦實現或超乎預期，就會感到快樂。願大則力大，有希望就有行動，有目標就有行動力。考試後，學生若預期得八十分，結果公佈成績時得到九十分，就會非常高興，若只考了七十分，則難免會感覺挫折；學生若預期不及格，考到六十一分，也會開心。

（四）比原有認知更佳

超過原有認知而喜悅

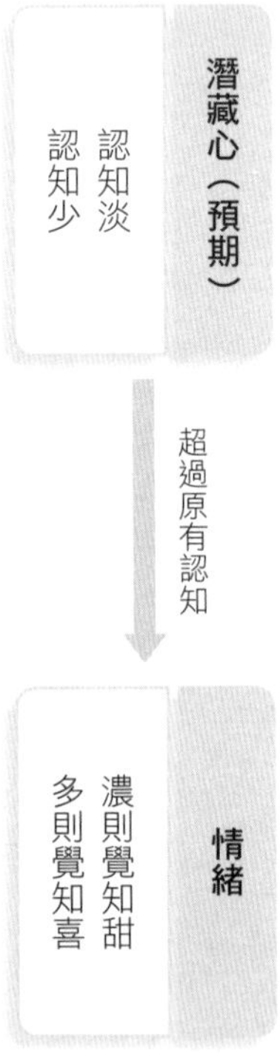

關於味道，內心認知淡，嘗到濃就感覺有味；關於獲得，內心認知少，得到多則感覺喜悅。一般人吃甘蔗，會從頭吃起，因為頭部味道較淡，越往根部則味道越濃，因而感覺越吃越甜，即所謂「倒吃甘蔗」之道。

（五）被肯定，被讚美

求好求佳，是每一個人都想要的。因此，被肯定或讚美時，覺知心會自然而然地產生喜悅之情，這是心識作用的自然現象，不是佯裝得出來的。例如，成績被師長、同學肯定會很有成就感，因為自己的努力獲得了回報；女孩被讚美漂亮、聰慧時，內心也會高興；被誇獎為善心人士、成功者時，心中會感到愉悅。

被肯定或讚美時覺知高興

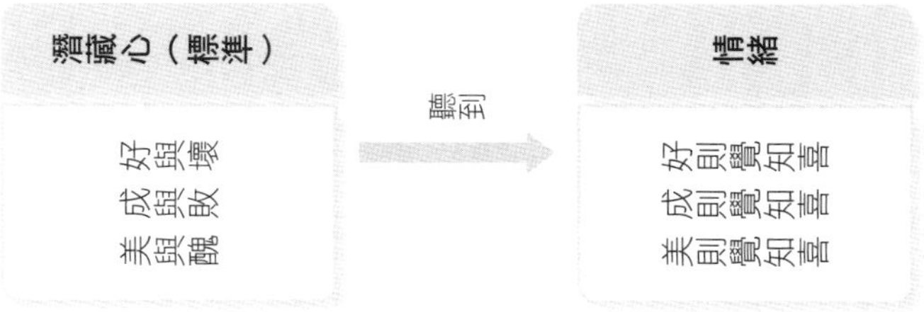

第六章　保持歡喜，正視痛苦

苦樂禍福，存於一心

俗話說：「人無千日好，花無百日紅」。其實，天堂與地獄之間，往往僅存於一心之隔。

亞洲名嘴張錦貴先生曾說：「人生的痛苦與不快，其影響均來自於人們的疑心與情緒的破壞。」

（一）苦與樂

苦與樂源於內心的認知、想法和觀念。內心想法樂觀，則會產生高興的情緒感覺；反之，要是有悲觀的想法，就會產生痛苦的感覺。

下雨天，到處濕答答的，交通阻塞，外出不方便，感覺很不適應，會產生煩悶的情緒。但從反方向想，下雨天使天氣比較涼爽，利於休息，而世上還有許多地方因缺水導致人、動物掙扎在生死邊緣，這裡雨水這麼充足，應該覺知幸運。這樣一想，就會很高興。

由此可見，心情的好與壞，在於內心如何去想。

（二）幸與不幸存於一心之隔

有一則禪宗公案，在此跟大家分享一下：

話說，有一位縣太爺問白雲禪師：「禪師可否帶本官到天堂和地獄？」禪師想了想，罵道：「身為縣太爺，身為人民父母官，不好好為民服務，整天想上天堂，如此貪生怕死，還想上天堂呢？想都別想！只能下地獄！」縣太爺被刺激，一時大怒，反責禪師無禮，叫人將禪師抓起來。這時，禪師哈哈大笑道：「且慢、且慢，我已經帶你到地獄來了。」縣官一下明白了，這樣做不對，連忙向禪師道歉賠罪。禪師又說：「此時我已經帶你到天堂了。」

此公案淋漓盡致地說明了天堂與地獄在於心之想法。

（三）苦的原因

苦的來源主要有兩個：

一是因為得不到或失意的時候，需求不能如意，欲望不能實現，是心態想法的問題；二是擁有的東西失去了，既有的事物沒有了，擁有的不能持續，如青春已逝，美貌不再，官位失去，工作失去，愛人離去，家人亡故等因素，都會造成情緒的痛苦，如果早有心理準備，痛苦就會有免疫力。

（四）人生本無常：無常的觀念是苦的免疫力

得失本來是正常的，凡事均有得意、失意、成敗，輸贏也是常態。既有的東西無法長久擁有、無法永恆不變，人會變老、會失去美貌，官位、權力也遲早會失去。悲歡離合無常在，生老病死本尋常，認清這種無常的道理，就不會感到痛苦。

此處所謂無常，並非盡是宗教意義，不過是借用大家習以為常的概念，闡明一個辯證的道理。

常樂妙方

如何忘憂常樂，是情緒管理追求的目標。常樂必須從潛藏心內心的認知、想法開始。內心經常保持喜悅的想法，覺知心自然常有快樂喜悅的情緒覺知。

知足常樂

潛藏心（認知）
凡事正面詮釋
知足、感恩
淳樸、充實

↓

情緒
情緒覺知
常有喜悅之覺

（一）凡事善解，福心常在

凡事往正面理解，常保幸福之心，同樣一件事情，從正面去詮釋就會覺知快樂的情緒，相反的，往負面去解讀，自然會感覺痛苦、煩惱或憤怒。不

開解

論遇到好事或壞事，都可從三方面來思考和解讀。

1. **正面思考**

師長要求我們認真學習，往樂觀方面想，師長是關心我們、希望我們好。愛人離去時，祝福對方能遇見更好的人，自己也是離開了不適合的人。塞翁失馬時，想想這匹馬也許會自己認路回來。被責備、諷刺時，就當成是一種激將法。沒接到訂單，理解為或許是自己的努力不夠，繼續加油，下次一定可以接單成功。

有兩個人去非洲考查鞋子市場，看到大部分人都不穿鞋子。其中一個往好處想，覺得非洲會有很多賣鞋的機會，潛藏很大的商機；另一個則往壞處想，認為非洲人不需要買鞋，因而感覺沒有可開發的市場。前者會感覺樂觀，後者則想法悲觀。

2. **逆向思考**

山窮水盡疑無路，柳暗花明又一村，窮途末路總會有改道之法。走路不要只看著前方，這樣會不知道可以往回走或轉向。思維常只考慮一面，而不知道要有所突破、轉變，這樣就不會感到快樂。生氣時心裡不快樂，逆向的思維會使潛藏心產生反作用，處於困境時，應該逆向思考，逆境是一時的，是對自己的考驗，是為了將來而累積經驗。

3. 轉變想法

想不通時，轉換一個想法。別人對我不好，不要跟他計較，學著原諒他，自己才不會坐困愁城。山不轉路轉，路不轉人轉，人不轉心轉。轉變想法即轉念，也就是轉變念頭，轉變心念。遇到不高興之事，改變心念。因為我們不能左右天氣，卻可以改變自己的心情；不能改變天生的容貌，卻可以展現出自信的笑容；我們不能操縱別人，但能夠控制自己；不能預知明天，卻可以運用今天；不能樣樣十全十美，卻可以事事盡力而為。改變自己的想法，往好的方向想，這將會帶領自己走往更好的去處。

（二）知足常樂

知足常樂——知道滿足點，常有快樂之覺。知道滿足點，知道自己需要什麼、知道自己追求什麼、知道工作是為了什麼、知道之所以努力的目標又是什麼，便能清楚自己的所作所為。如果我們的需求漫無目標，心中又充滿無止境的欲望，就會深陷於不滿之中，就算是獲得了他人沒有獲得的東西也不自覺而不快樂，即所謂「身在福中不知福」。內心不珍惜所得或不認為滿足，那麼認知心就不會有快樂的感覺。

（三）正面思考，心存感恩

感恩是內心對人或事，認知滿意或滿足後，產生回饋的想法。既然內心認知到滿意、滿足，覺知心就會產生快樂的情緒，沒有抱怨或不平。

（四）簡單就是美

內心的需求欲望容易滿足，預期點目標容易達到，自然感覺快樂。

（五）適當的預期心

「謀事在人，成事在天」，影響結果的原因很多，不是我們所能控制的，我們只能在過程中積極爭取、努力奮鬥。因此，勿預期太多，最終才能享受成功的喜悅。

考試後，是否錄取會有很多客觀因素，並不是自己能夠操控的，因此不宜過度期望。對統一發票、買樂透，期望不要太高，才能體會中獎的喜悅。和別人合作、共事時，勿期望過多，否則容易失望。

（六）漸進式的享受（由淡而濃則甜，由濃而淡則苦）

由淡到濃則有甜味，由儉入奢則有享受，由少到多則有驚喜，由低到高則有成長的感覺，反之則會感覺失敗、挫折、痛苦。這是心識作用的自然現象，循序漸進常有成就、快樂之喜悅。

（七）知進退（進時靠努力、退時靠智慧）

進有喜，退有憂，進退本是常態；成敗本無常，成功或失敗不會始終如一，更不會永恆不變。認清此道理，退的時候就有了「免疫力」。

（八）尋找生活重心

忙碌可以忘掉煩惱。如等車等人，感覺時間過得特別慢，心情很煩躁；

如果努力工作，時間過得很快，只覺得上班、下班，一天、一個星期、一個月很快過去了，哪會想到痛苦，所以忙可忘憂。

（九）轉移注意力

把注意力集中在自己愛好的事情上，例如聽音樂、看電影、閱讀、運動、爬山等。沉浸心思於其中，全心全意地專注，樂以忘憂。

（十）為善最樂

幫助別人，內心認知就會感到充實，時常做好事，這些記憶不知不覺在心識作用中會顯現出快樂喜悅的情緒。

修心養性

喜悅來自內心，來自內心潛藏心的心念。心念是善念還是惡念？這不是說要改變就能改變、說要轉念就能馬上轉念的，要靠平時持續不斷地練習、修行。修心養性的方法如下：

（一）播種善念

養成釋懷的心，拿得起，放得下。培養寬容的心，懂得原諒別人，就能夠不困坐愁城。有慈悲的心，就不易生氣。有感恩的心，則可鞏固人際關係。

（二）種植善因

做好事，行善事，做自己認為要做的事、有意義的事。種植自己內心好的記憶，即所謂善因，便可產生好的情緒。

開解

（三）靜坐修心

禪修可以練心，靜坐可以使內心平靜，冥想則可以產生自我暗示。播種潛藏心種子，改變內心的記憶和想法。

（四）祈禱

有宗教信仰的人，祈禱可以與神對話，把心事交給神，把困難寄託給神，尋求神的幫助，從而達到內心的安寧。

某天，玉帝、天使和菩薩聚在一起，召開了一個頭腦風暴的會議。

玉帝說：「我要讓人類在付出一番努力之後才能夠找到人生的幸福，所以我決定把幸福的秘密藏在一個人類自己並不怎麼在意的地方。請問我究竟該把它藏在什麼地方比較好呢？」

一個天使說：「把它藏在珠峰上吧！雖然那是東方的土地，卻是世界最高的地方，讓那些喜歡到西方尋找極樂世界的人永遠找不到它！」玉帝搖了搖頭說：「不行，那樣就能找到幸福，實在是太簡單了！」

另一個天使說：「那麼把它藏在大海深處吧！如果人們不潛入海底，就永遠發現不了幸福的秘密！」聽了之後，玉帝還是搖頭。

這時，菩薩說：「公道自在人心。我看，我們還是把人生的幸福藏在人類自己的心中吧！因為，人們往往喜歡往外尋求幸福，卻很少有人想到幸福的秘密其實就安放在自己心中！如果他們不知道該要先挖掘自己而總是去挖苦別人，那麼他們就永遠找不到人生的幸福。你們覺得怎麼樣呢？」

最後，大家都心服口服地點了點頭。

第四篇

遠離怒火

改變內心的想法
重新詮釋不愉快
化解憤怒的情緒

何必跟人計較

在古老的西藏，有一個叫愛地巴的人，每次生悶氣或和別人發生爭執的時候，就會以最快的速度跑回家，繞著自己的房子和田地跑個三圈，然後，坐在田邊喘氣。

愛地巴工作非常勤勞努力，他的房子越來越大，田地也越來越大，但不管房地有多大，只要與人起了衝突或感到生氣，他都會繞著房子和田地跑三圈。所有認識他的人，心裡都感到疑惑，只是不管怎麼問，愛地巴都不願意明說。慢慢地，愛地巴變老了，他的房子和田地也變大了。

有次，他拄著拐杖艱難地繞著田地和房子走，等他好不容易走完三圈，太陽也早已下山了。愛地巴坐在屋舍旁喘氣，孫子則在他的身邊懇求：「阿公，您年事已高了，這附近沒有人的田地比您的更大，您總不能再像從前，一生氣就繞著田地跑啊！而您能否告訴我，為什麼您一感到生氣就要繞著田地跑上三圈呢？」

孫子的再三懇求，讓愛地巴說出隱藏於心中多年的秘密。

愛地巴說：「年輕的時候，我一和人爭論、吵架就繞著房子、田地跑三圈，邊跑邊想——我的房子這麼小，土地這麼小，哪裡有時間、哪裡有資格去跟人家生氣。一想到這裡，火氣就沒了，於是就把所有時間用來努力工作。」

孫子問道：「阿公，那您現在年紀大了，也變成當地最富有的人了，為什麼還要繞著房子和田地跑？」

愛地巴笑著說：「我現在還是會遇到生氣的事，憤怒的時候就繞著房子、田地走三圈，邊走邊想——我的房子這麼大，土地這麼多，我又何必去跟別人計較。思及此，怒氣就消了，甚至還會覺得為小事而發怒的自己很可笑。」

人在盛怒時，一小時消耗的體力與精神，相當於在三天內一共加班六小時以上的能量，盛怒有時還會讓人氣急攻心，甚至使人暴斃身亡。

沒有人願意發怒，但是，大部分人都不能保證自己在任何情況下皆不會發怒，因為，我們大多沒有接受過憤怒情緒的管理訓練。憤怒時，可能會害

開解

人，可能會傷己，也難免會做愚蠢後悔的事。

然而，生命苦短，緣份得來不易；人生漫長，遭遇何止萬千，何必與人計較？

盛怒之下不要做事，大喜之下不要許諾。

第七章　控制憤怒的情緒

一名國稅局的公務員表示：「每個來繳稅的納稅人都可能會存有一種敵對情緒，我們並不感到奇怪，反而會在告示板畫上一些自嘲的漫畫，把我們的機構戲稱為『收入裁判局』。」

在國稅局的辦公室內，有些生動活潑的漫畫，其中有兩幅相當有意思。其中一幅漫畫，一名審計員對一位繳稅人說：「老闆，保持心理平衡的秘訣是——不再認為手頭上的錢是自己的。」另一幅漫畫則標明：「真抱歉，我們又賺到了這位老闆的一筆錢！」

有趣的是，所有來繳稅的納稅人看到這些漫畫都因而會心一笑，態度也有所好轉。

在喜、怒、哀、懼、愛、惡、欲七大情緒中，怒的情緒發生得最頻繁，也是影響生活最多又最大的情緒。

憤怒、生氣的情緒，有負面的作用，卻也有正面的效用，憤怒可以興起威嚇、禁止和警告他人的效果，但是，任憑自己的怒氣隨意爆發、不該發怒時發怒，或是將自己的不滿任意遷怒他人、發洩在他人身上，抑或是其他不能妥善控制的負面情緒，都是怒的情緒的負面作用。

林則徐正在與英軍作戰時，朝廷派欽差大人傳命要求立即停戰，林則徐一怒之下將手上的茶杯摔至地面。然而，林則徐一抬頭就看到自題匾額上寫著大大的「制怒」二字，因而冷靜了下來。穩定好自己的情緒後，他便去與欽差會面。

憤怒的心識原因

（一）潛藏心認知、記憶、經驗自主浮現的作用

1. 怒火由心起：來自潛藏心內心的認知

憤怒是發自內心儲藏的潛意識，不是意識所能控制的。它是心識作用的結果，是潛藏於心的記憶的種子。不平的認知、委屈的心理、扭曲的觀點都會產生怒的情緒感覺。要控制自己不生氣，就必須從心著手，從心底去轉化、轉念，從內心去管理、修正。同理，當別人罵我們是豬，用潛藏心認知

轉念想想：「在古代，豬是用來衡量人是否勇敢的標準呢！而豬又有什麼不好？莊子寧願當孤豚也不願做犧牛，與其做個痛苦的哲人，還不如當隻快樂的豬。」心中想法認知改變了，就不會再覺得憤怒了，不會被怒火焚燒了。

發怒的原因之一

潛藏心（認知）
不公平、委屈
不合理、恥辱

↓ 自主顯現

情緒
憤怒、焦躁

2.來自第一念的衝動（潛意識的經驗記憶）

發怒的原因之二

潛藏心（記憶）		**情緒**
以前不愉快的記憶、早已忘記的舊傷，被刺激挑起	顯現出 →	突然之間的憤怒

第一念是潛藏心深處舊有的經驗和記憶，由感受心感受到、聽到或看到的資訊，不經過思想心思考，直接從潛藏心反應、顯示出來的第一個念頭。尤其是那些儲藏於潛藏心已久的不堪回首的往事、不愉快的記憶、舊有的傷痛等，感受到這些傷心事，就好比在傷口上撒鹽一樣，馬上就會產生激烈的反應。

有個失意的人，只要一聽到「沒出息」、「廢物」、「敗家子」等字眼就會變得敏感，很容易產生憤怒的情緒。因為他從小就被父母罵「沒出息」、「敗家子」，因而造成他終身的傷痛。

有一家公司在測試員工操作理論知識時，品質控管部門的主管批評成績差的資深員工：「你是沒讀過書嗎？還是不識字？看不懂操作手冊？」資深員工一聽，馬上勃然大怒：「我就是家世差、學歷低，怎麼樣？大家還不都照本宣科？照樣操作？」俗話說，打人不打臉，罵人不揭短。資深員工因為沒有受到良好教育而有遺憾，主管一句「沒讀過書」便深深地刺傷了他。

（二）由感受刺激所引起

1. 突發的打擊

偶發事件引起不快

開解

在日常生活和工作中，我們常會遇到一些偶發事件，突然看到或聽到不順心的事，剎那間就會產生怒氣，爆發連自己都不敢相信的火氣，表現出讓人難以置信的舉動，從而造成嚴重的後果，更別談想成為「人生贏家」了。

看到心愛的珍稀古董被小孩摔破，瞬間大發雷霆，將小孩狠狠地修理一頓；看到自己花費畢生心血完成的作品被同事弄壞，立刻怒火中燒，甚至與同事大打出手；行車時，與人發生擦撞，脾氣上來便不顧一切地與對方理論，甚至出手打人；丟失了重要客戶的訂單、報銷了即將上市的產品，小則心生怨氣，大則怒不可遏。

2. 受語言暴力的刺激所引起

語言暴力引發怒火

感受心（感受）

聽到粗暴的語言、尖酸刻薄的話

↓

潛藏心（認知）

認知
想法

↓

情緒

憤怒的情緒

當一個人言語惡劣或氣勢咄咄逼人時，很容易使人感到不舒服；嚴詞厲色、尖酸刻薄的話語就像利劍，總會刺傷別人的心，讓人難以忍受而感覺生氣，甚至想要反擊。古語有言：「慈語嚴冬使人暖，惡言酷暑讓人寒。」

張三罵李四「變態、雜種、不做好事、不積陰德」，這一席話使得雙方大打出手。

趙六一腳踏在王五的椅子上，一手指著王五的頭大聲喝道：「有種就給我站出來，你這膽小鬼！」王五立刻燃起熊熊怒火，順手拿起桌上的杯子朝趙六砸了過去。

某次大型會議，孫先生大罵林先生是小人、貪官，林先生一聽大為光火，兩人便拳腳相向，結果雙雙被停職。事後的林先生感歎道：「利劍傷身猶可忍，利口穿心孰不可忍！」

忍耐不是萬靈丹

常言道：「忍一時『氣』風平浪靜，退一步『想』海闊天空。」其實，忍耐只是在壓抑，當氣越積越大，壓力越積越多，怒火終究會爆發。

開解

忍耐或許可以躲開一時的災禍劫難、平息一時的大風大浪，但忍耐是在積壓怒氣，忍耐再忍耐，積壓再積壓，憤怒便會累積得越來越多，最終還是會爆發。當然要學著退一步想，只是要真正想開，妥善化解內心的負面情緒，才不會怒火重燃而爆發，也才能真正地海闊天空！

（一）關於忍耐的生活現象

依心靈哲學心理認知運用的自然現象，忍耐是用意識去抑制，把潛藏於內心的怒氣強壓下去，使其不顯現出來。

第一次忍耐：內心認知不公平，感覺委屈，用力量抑制，忍住不生氣。

第二次忍耐：內心認知更不公平，用更大的力量壓下情緒。

第三次忍耐：認為不公平更嚴重、更委屈，要用再大的抑制力去壓制。

忍耐是利用思想心抑制潛藏心，使之不顯示

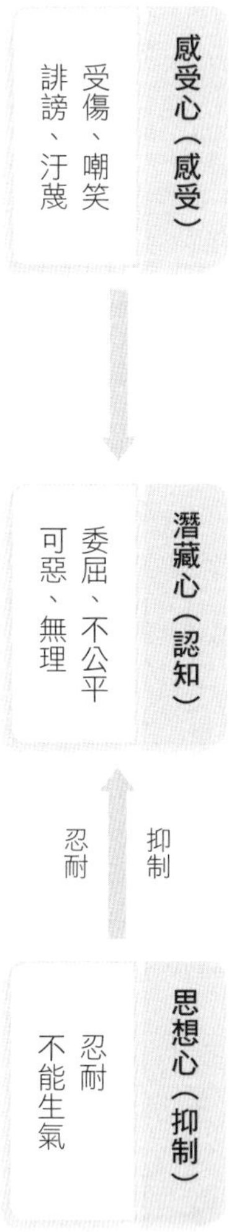

內心認知委屈、感到憤怒是心識作用的自主現象，用抑制力強行壓抑，終會有爆發的一天。忍耐最終還是會忍不住，等到忍無可忍而爆發，便會一發不可收拾。

小說、戲劇中的忍者和武士，最終忍不住就會大開殺戒，血流成河。寶島歌王葉啟田的一首〈忍〉，唱出凡事要忍，忍到最後才能獲得勝利。可惜只知道忍而不能想開，越忍越氣，也不是真正解決問題的辦法。

某間公司聘請了四位司機，其中三位司機駕駛名貴轎車，唯獨小陳開著大客車，每天接送公司員工。比起其他人，小陳得提早上班、延遲下班，他因而心生不滿，卻忍著不提、悶在心裡。過了一段時間，經理頒布公司的新規定：「大客車不許開回家，得停放在公司停車場裡。」小陳認為這項規定是衝著他來的，對公司更為怨懟，但仍將火氣憋在心中。有天，經理給公司其他司機都發配了手機，唯獨沒幫小陳申請，還表示公司上層認為開大客車不需要用到手機。小李終於忍無可忍，在眾人面前痛毆了經理一頓。結果，他被炒了魷魚、丟了工作。

光靠「忍」，不僅解決不了問題，還會留下無窮後患，所以，一定要妥善地運用下列的方法，讓自己真正想開、想通才行。

（二）想開、釋懷的心識作用

應用理智抑制潛意識，不讓潛意識因為感受委屈、不平而發作出來，不使誹謗、嘲笑的記憶顯現出來而產生怒吼，更重要的是，要將認為不公不義的事情化解，運用逆向思考將受辱、誹謗、嘲笑的記憶想開，往合理方向去進行詮釋，淡化受辱的事和情緒。靜思語：「生氣是拿別人的過錯來懲罰自己」，原諒、寬恕他人是為了給自己的情緒有臺階可下。心中沒有怒念，就不會有怒氣，內心不覺委屈，就不會有憤怒的情緒。

應用思考心想開、放下、改變

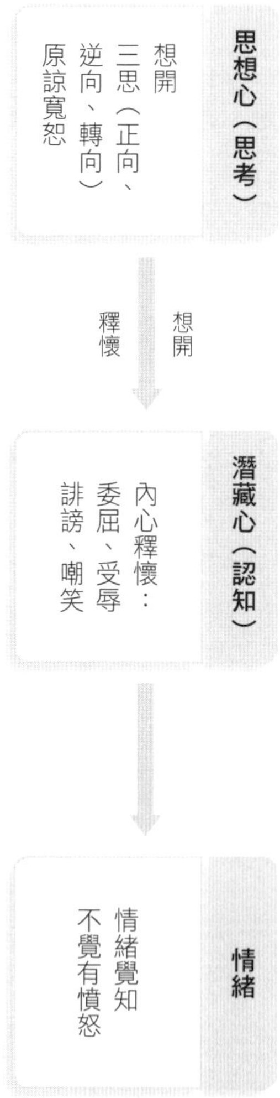

業務部張經理時常指責製造科孫科長，說他學歷低、能力差、不學無術，還當眾責罵他豬頭豬腦、沒有解決問題的辦法。每每被羞辱，孫科長都會忍氣吞聲。直到某次出貨延遲，張經理借題發揮、大做文章，對孫科長出口成髒，因此兩人怒目對視，幾乎要打起來架來。

然而，冷靜下來後，林科長心想：「我雖然只有小學學歷，但我有一技之長，張經理學歷雖好，卻沒有做人的品德修養，我又何必跟他一般見識。」改變了潛藏心的認知，林科長想通後，任憑陳經理如何侮辱咒罵，也不會輕易地感覺生氣了。

第八章　制怒有道

息怒四部曲

與人吵架、爭論或發生衝突時，對方的冷嘲熱諷、尖酸刻薄的話語有如利劍穿心，使人痛苦難堪。心中的怒火像氣球越漲越大，彷彿隨時都會爆炸，倘若對方又流露凶神惡煞的神情、蠻橫無理的嘴臉、咄咄逼人的態度，簡直是讓人忍無可忍。

此時，要忍氣吞聲實屬不易，在心識作用的運作下，感官不斷地受到刺激，思想心全然集中在對方惡劣的狀態，潛藏心充滿怒念，覺知心便感到憤怒異常。

這裡，跟大家分享幾個息怒的方法：

一是深呼吸，使心情放鬆；

二是主動離開現場，不再繼續受刺激；

三是投入自己喜歡的事情中，淡化心中的怒氣；

四是冷靜之後再處理。

不「離開」、不「忍耐」的情緒正反轉三思圖

感受心（聽到）
內心充滿莫名的厭惡和委屈的怒念

↓ 離開

潛藏心（認知）
態度蠻橫無理挑釁

↓ 忍耐 抑制

情緒
手腳發抖痛苦難忍

董武與熊婆吵架，熊婆罵道：「你這雜種，無恥小人，你作惡多端，惡有惡報，活該生不了男孩。」董武聽後再也忍不住，一個耳光打過去，熊婆不甘示弱，拿起鐵錘反擊，並不停叫罵：「懦夫，膽小鬼，有種再打呀，打呀！打呀！縮頭烏龜！」董武更加憤怒，拿起椅子往熊婆身上打過去，熊婆立即倒地，大哭大鬧，要求叫救護車，打電話叫親友來討公道。

其實，熊婆採取的就是「一哭二鬧三上吊，最後大家死翹翹」的做法。

鬧解

一哭：我們不說了。

二鬧：大吵大鬧，誓必討回公道。

三上吊：傷害自己或說自己傷重來威脅對方，以博取大家的同情。最後則大家死翹翹。連累大家，讓大家都受到傷害。

由此可見，雙方如果在衝突盛怒時能夠及時採用「一吸二離三最愛，最後冷靜再處理」的方式，情況就會大不相同。

一**吸**（**第一步，深呼吸**）：產生激動又充滿了憤怒的意念時，做做深呼吸，強行克制使自己忍耐、冷靜下來，提醒自己大戰即將爆發，要忍耐，否則後果不堪設想。

二**離**（**第二步，離開現場**）：離開現場，使感受心不再受到刺激。能夠使自己離開吵架的現場，就做到了制怒成功的一半。

三**最愛**（**第三步，找最喜歡的事做**）：找自己最愛的事情先處理，轉移注意力。例如，倒杯茶、喝杯水、找好友傾吐等。先找別的事情做，讓自己走出死胡同。

最後冷靜再處理：自己冷靜了，對方也平靜了，都能夠理性分析時再回來處理。

陳董向葉董索賠，葉董不但愛理不理還理直氣壯，推諉材料來得太慢，暗指陳董對產品品質要求太苛刻，甚至表示陳董公司臭名昭彰，專門欺負合作工廠。氣得陳董破口大罵，陳董把門一摔，直奔洗手間。在洗手間洗把臉，再到茶水間泡杯咖啡，回來後，陳董慢條斯理地說：「大家都是利益共同體，既然狀況已經發生，找藉口或理由也於事無補，現在最重要的是如何能解決問題。對於這次的財務損失，希望貴公司能夠共同分擔。」此時，葉董也息怒而較為冷靜了，向陳董道歉，認為品質沒有管理好，造成了損失，願意負擔責任，以當初共同協定的合約為準。於是，雙方握手言歡，一場風波也就圓滿地平息了。

等紅燈時，「砰！」的一聲，李勇的新車被後車撞了。他深吸了一口氣，從口袋拿出一根煙，點燃並深深地吸了一口後，才下車與對方理論。雙方在心平氣和的情況下談判，很快就商討出後續的賠償方式。

一些商人很喜歡邊泡茶邊談生意，每當談及難以啟齒之事或產生難以化解之歧見時，就會提起茶壺往茶杯裡注入茶水，每當聽聞不順心意或不合常理之事時，則端起茶杯，喝口溫潤的甘汁，暫時轉移注意力，緩和緊張的氣氛，緩衝憤怒的情緒。

制怒四絕招

（一）學會忍耐

1. 應用抑制力先忍一忍

一個人內心充滿怒氣，猶如暴風雨來臨前夕。長期累積在心中的不滿、受辱的心情、委屈的怒念，使人像蠢蠢欲動的火山，隨時都要噴發。憤憤不平的心念是澆了油的木柴，對方惱人的行為是火苗，乾柴碰上烈火則一觸即發。因此，在怒火燃燒前要懂得先防患未然，即所謂滅火於未燃前。

2. 鎮定冷靜

憤怒時，內心會充滿對方的不是、對方的不對、對方的不該。然而，翻攪出來的記憶全是自己受委屈的心緒，注意力全然集中在反駁、反抗、報復的焦點上，嗔念滾滾湧出，也就會越想越憤恨。這便是心識作用自然現象的運作，也是心識自主運作現象的反應。越是在這種時候，就越需要冷靜，讓心有足夠的時間思考分析。

讓自己冷靜下來，無論是深呼吸，讓自己全身心的神經能慢慢鬆弛下來，抑或是轉移注意力，比如抓緊桌子、搔搔頭、喝杯水、看一看手錶或是站起來走動。倘若有想反駁對方，可以多想一會兒再慢慢地說。例如，發生交通意外，想要下車理論前，應該先熄火，多坐幾秒鐘，思考要爭論的是什麼，再下車理論。

3. 事緩則圓，不要急於辯駁

在雙方爭論時，切忌倉促地反駁、急忙地想說服對方。此時兩人情緒高漲，思維都只集中在自己的意見上，根本無心傾聽彼此的聲音。所以，不要急於辯駁，以免相互刺激，擾亂了思維，不但無法妥善地溝通、協調，更不能建立良好的互動關係。

4. 急事要緩辦

棘手的問題、爭執的事情，本就難處理。一時無法釐清頭緒，如果匆忙處理則更顯混亂。不如先緩和呼吸，等情緒較穩定或雙方較理智時再處理。

（二）用理性三思（正面思考，逆向思考，轉向思考）

1.退一步「想」才能海闊天空

我們不能改變別人，只能改變自己。

憤怒時，滿腦子想的都是對方的不是，所以越想越氣。這時不妨從相反的方向去思考：想想對方的優點，想想對方不是蓄意為之，想想自己可能也有不對的地方，想想若使衝突發生會產生怎樣的後果。

正反轉三思圖

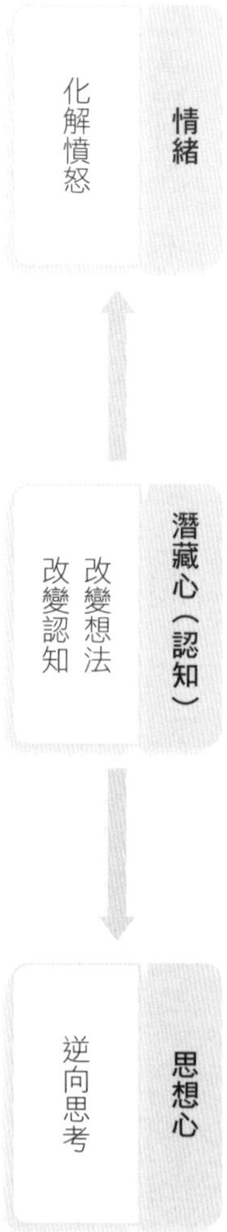

交通事故發生時，想想何必跟陌生人結怨。同事之間發生矛盾，想想每天都要相處見面又何必為一點小事起衝突。小孩子不聽話，想想他畢竟還是個不懂事的孩子，自己小時候也曾有過這樣，不是嗎？

2. 人不轉心轉

「轉個彎，路更寬。」山不轉路轉，路不轉人轉，人不轉心轉。事情已經發生，傷害已經造成，損失也已經成為既定現實，生氣其實於事無補。

如果情勢不能改變，對方不願改變，自己又不肯放棄，那就只有轉變自己內心的想法，重新定義、詮釋令自己生氣的事，即轉換心念，化解憤怒的情緒。

心念轉變，化解憤怒

改變潛藏心的想法

↓

化解覺知心的憤怒

3. 同理心

運用同理心，設身處地為對方想。假使我是他，站在他的立場，發生同樣的事情，我會怎麼做？我可能也會一樣無理，說出一樣傷人的話。這樣將心比心後，自己會較能釋懷。

4. 原諒別人，放過自己

他人的過錯與屈辱儲存在記憶中，一想到就生氣，一刺激就發怒，憤憤不平的心念讓舊傷口隱隱作痛，憤恨難消，就像給自己設了圈套，將自己綑綁在不見天日的地牢。為了讓自己獲得快樂，為了使自己心靈自由，就該設法找理由去原諒、寬恕對方，不再把有限的儲存空間用來儲放對方的錯誤。釋懷了就不會再憎恨，不計較就不會再憤怒，就像把自己從怒恨的愁籠裡解放出來一樣。

（三）離開現場

在憤怒至極之時，倘若用盡各種辦法，都不能使自己息怒，那麼最好的辦法是「離開」。三十六計，走為上策，心緒不再受刺激，耳不聽為靜，眼不見為淨，則心便能不亂不煩。

陳董視察合作的中小型企業時，該企業的部門經理因為認不得陳董，刻意東問西問、百般刁難，就是不讓陳董走進辦公室一步。陳董為了讓自己冷靜下來，不想因小事發脾氣，便走到附近的商店買了瓶飲料，心想何必跟職員嘔氣。涼飲一下肚，氣也消了大半，正好這時該企業的老闆急忙地趕來道歉，陳董笑說：「我的氣早就過去了，你又何必這麼緊張？走，到你辦公事聊。」兩人勾肩搭背、有說有笑，好像從來沒有發生過任何事一樣。

（四）發洩出來

將潛藏心積壓不平的想法通過無害的方式發洩出來。

發洩不平的想法

潛藏心（想法）
積壓怒念，感到不平、不合理

↓

情緒
就不再有怒氣

開解

日常生活中，我們常不知不覺就積累了很多不悅，累積到一定程度就得要發洩出來，否則就會產生可怕的後果。就像悶燒鍋內的蒸氣越堆積，鍋爐內的壓力就越大，若不洩漏一點出來，就會爆衝噴發。

球迷張某去球迷李某家看球賽，當他們看到國家隊連連失球時，李某氣得抓起桌上的一塊磚用力向電視砸去。張某一見，嚇得趕緊捂起耳朵躲藏。那塊磚衝撞電視螢幕後反彈到地面，彈跳了幾下後就停止了，而電視竟然絲毫無損。張某好奇地撿起那磚一看，原來只是一塊偽裝成磚塊的海綿。這種「磚」在美國被稱為「發洩玩具」，既可以用來幫助人們發洩憤怒，又不會造成傷害、損害。

所以說，憤怒需要發洩，但發洩時一定要尊重別人並注意分寸。

第五篇

化解怨氣

和氣生財，怨氣生災
避免把周遭變成「怨氣場」
學習做快樂的人

可怕的怨氣

有間公司賺了筆錢，因而決定搬進新辦公室。辦公室的裝潢交給一位精明的主管負責，他處處計算格局，考量著如何才能確保員工會分秒必爭地為公司工作。然而，搬進新辦公室後卻紛爭不斷，不是員工吵架爭執，就是常接到客戶的投訴信函、抱怨電話，甚至還招來了官司。

總裁沒辦法，只好請風水諮詢師來出謀劃策。諮詢師參觀了辦公室後，表示廁所的位置破壞了整體風水格局。公司按其建議改變了廁所的位置後，公司萬象更新，業務量蒸蒸日上。眾人對諮詢師讚譽有加，直說他是位高人。

其實，這位風水諮詢師只是諳熟情緒管理罷了。原本負責設計的主管將廁所規劃在辦公室中央，為了避免員工假借上廁所偷懶，卻讓員工們覺得沒有隱私而心情變糟。大家雖有抱怨卻不敢說，因而形成大型怨氣場，散播不良情緒、惡劣氛圍。

人非聖賢，孰能無過？人們難免會對別人的過錯產生抱怨，若只是適度的抱怨，對於完善工作、改正缺陷，具有一定的積極作用，但是，抱怨的時間比做事的時間還長，或是雖然忍氣吞聲、怒不敢言卻未能適當消解內心怨恨，最終便會在自己與周圍環境中建立出一個充滿負能量的怨氣場，那麼自然會產生很嚴重的問題。

很多上班族因長時間忍受工作壓力、職場中的惡鬥，難免會產生怨氣，不小心把惡言惡語脫口而出，就容易傷人害己。現代人缺乏情緒管理能力，因此，我們時常在新聞社會版上看到因怨恨而引發的種種人間悲劇。

我們不僅要學會管理情緒，做不抱怨的人，更要學會消除親友、同事的怨氣，營造出溫暖和諧、宜己宜人、健康成功的好氣場。

和氣生財，怨氣生災。

家和萬事興，人和泰山移！

第九章　不可生怨氣

抱怨的負作用

東方人對人不滿，常因面子問題，不願當面講開，而是採取兩種較普遍的解決途徑：一是跟知心朋友或其他同事講，這時若遇到EQ高的智者，可能會給出有益的諫言，幫助你消除怨氣，使工作和生活步上新的旅程，但倘若遇到EQ低的隊友，反而容易火上澆油，使小抱怨變為大怨念；二是悶在心裡，誰也不肯說，最後憋成心理病痛或者身體頑疾。

(一)抱怨的破壞性

抱怨者通常礙於顏面，不便當面說明，轉向第三者訴苦或發牢騷，以釋放心中的不平。但是，俗話有言「說人是非者，必是是非人」，抱怨只是片面的說辭、單方的訴苦，沒有進行雙向溝通，無法獲得真正解決問題的途徑。抱怨的話再傳到當事者耳中，當事者若又不能當面對質，就會造成彼此更大的誤會。

（二）傳話的殺傷力

雙方有成見或起衝突而有矛盾時，基於好奇心，會想了解對方的動態，會用自己的觀感來印證自己的立場，也會向第三者抱怨、發牢騷。然而，本為無心，只是訴苦的話，有時會因為他人的傳話而加深當事人之間的誤會。因為，有些抱怨的言語或是另一方並不知情的事，經過第三方傳達，可能會被加油添醋，而使當事人感到不悅，甚至因此而結怨結仇。

溝通不良易生怨

尋找經商或創業的合作夥伴，通常會找最靠得住而且最值得自己信賴的人，例如，知心朋友、要好的同學、自己的親兄弟姐妹、親密愛人等。因此在商場中，常見到夫妻檔、父子檔、兄弟檔、姐妹檔，認為是自己人，有感情、比較靠得住，可以同甘共苦、共體時艱、共負盈虧、休戚與共。

開解

可是，在事業經營過程中，每天都有許許多多的事情要溝通，有不同的事件要處理。遇到事情時，各人所得到的資訊不同，各人的立場不同，各人有各人的想法，各人對事的詮釋不同，解讀也不同，所做的判斷決策更是不同。要做到有效溝通，實在不容易。溝通不良時，剛開始雙方可能以忍讓、妥協的方式暫時換取表面的和平。但是，經年累月下來，難免累積成見，之後就形成衝突。生怨後，則會爭論是非，破壞雙方感情，失去合作的默契，最後不歡而散。

意見衝突，非僅靠親情關係所能維繫

想法不同
意見不同

↓

覺知不同
聽話不同

（一）摯友合夥變仇人

志雄是阿朗的大學同學，也是阿朗最好的朋友。阿朗創業兩年後，邀請志雄入股、一起合作經營事業。由於志雄口才好，聰明能幹，很快就升成總經理；而阿朗個性內向，處事優柔寡斷，公司內的業務、財務、人事和研發部門開始事事都以志雄的意見為主。隨著產業環境的動盪與變遷，公司的負債變多，求好心切的志雄和阿朗開始起爭執，溝通變得困難。

爭執之初，阿朗將志雄之見視為諍言，但後來逐漸認為對方跋扈，自己不受尊重。志雄則認為阿朗懦弱、善變、愛亂花錢，雙方怨氣越積越深，加上部屬之間胡亂傳話，煽風點火下，兩人衝突不斷、水火不容，最後，志雄棄股離職，阿朗獨扛公司債務，兩年後，公司便宣告破產。

（二）兄弟合夥，鬩牆內耗

鄭董生意越做越大，工廠裡有數千名員工。公司股票上市後，鄭董聘請在美國獲得博士學位的大哥擔任副總經理，也聘請三弟任業務經理一職。三人學識背景不同，經營理念差異很大。大哥覺得鄭董胡亂花錢、衝動投資，鄭董認為博士大哥太學術派、思想保守固執，兩人總是意見相左、時常爆發衝突。而鄭董又嫌三弟性情魯莽，時常亂報價，破壞市場行情，三弟則到處抱怨鄭董毫無兄弟情義，不給人面子。

有次，客人來訪，三弟意氣用事地把大門關起來，把客人擋在門外，鄭董得知後，氣沖沖地前來理論，兄弟三人竟在客人面前大打出手，最後，大哥、三弟憤而離職，兄弟三人老死不相往來。

（三）股東無共識，萬事做不成

蔡董的兒子小蔡設立了一家小工廠，專業生產內銷單。工廠生產小型訂單，樣式繁多而品質要求又高，小蔡與股東們難以達成共識。股東張總認為內銷單營業額小、存貨多又麻煩，而且憑小蔡的本事，小工廠做不起來、不具競爭力。股東們和小蔡各有各的觀點，各有各的怨氣，一旦遇到內銷的事務，雙方都變得很敏感，根本無法冷靜下來進行協調、討論。意見沒有交集，看法沒有共識，決策總沒有結論，因此，什麼事都難有成果。

（四）接班人：情緒管理問題致使集團瓦解

1. 急功近利，恃才傲物

偉思的父親和兄弟們一起辛辛苦苦打拼了一輩子，建立的「手提袋王國」在業界頗有知名度。偉思留美回國後加入家族企業的經營團隊，對公司充滿意見，在他眼裡，這個人不行、那件事不對，老愛抱怨叔伯們不夠有國際觀，認為公司沒有制度。在他的介入下，美國分公司竟脫離集團，日本分公司也失守，上海工廠、廈門工廠紛紛被迫關閉，集團幾近瓦解。原來的創辦人大伯改行做起房地產買賣，二伯、叔叔及堂兄弟們本想繼承事業也都被迫請辭。曾經叱吒風雲的企業，因為偉思情緒管理的問題，導致父輩們辛苦打造的王國在一夕之間崩解。

2. 抱怨多，破壞團結

約翰留英回國後，投身於家族企業。他總是責備總經理不懂得權力下放，不遵守公司制度，甚至怠忽職守；又抱怨身為董事長的父親沒有主見又懦弱無能；甚至埋怨經理姐姐不通人情、冷酷無情。不到半年的光景，叔叔出走、伯伯退股，最後連約翰自己都待不下去而離開公司。

（五）夫妻冷戰的悲劇

盧玉的先生在五歲時父親過世，母親獨自撫養他長大，含辛茹苦地供他

開解

讀完大學。因此，盧玉的先生對母親一直非常孝順。婚後，兩人與先生的母親同住，老太太向來節儉，家裡用水、用電，她都會很在意。盧玉每每從市場回來，老太太都會問每樣菜的菜價，聽了價格後又總會嘮叨半天。

老太太煮菜捨不得放沙拉油，洗碗捨不得用洗碗精。有次飯後，盧玉偷偷用洗碗精洗碗，婆婆看見了便斥責她，她氣不過頂嘴，婆婆便甩門回房裡放聲大哭。先生因而發火，責備了盧玉一番。從此，婆媳時常鬥嘴，先生左右為難，家裡氣氛總是尷尬，三人彼此也不太搭話。

先生開始早出晚歸。有次，盧玉不小心打破碗，婆婆大罵盧玉是「敗家女」，盧玉回嘴說了句「老不死」，把婆婆氣得將行李打包直奔故鄉老家。不久，先生回鄉，一去就是十幾天，夫妻倆數十日無聯繫。盧玉後來才得知婆婆驟然離世。先生回來後，責怪盧玉惹禍，總用怨恨的眼光怒瞪盧玉。盧玉想要解釋，試圖挽回雙方的關係，先生卻不領情，甚至更頻繁地早出晚歸，有時還夜不歸宿，如果有回家，也總是喝得醉醺醺。

長期下來，盧玉開始懷疑先生有外遇，於是明察暗訪。有天，看到先生跟一個女人狀似親密，盧玉上前搭話，先生竟和那個女人抱在一起，怒斥盧玉不孝，表示自己不要這段婚姻關係。盧玉非常傷心，夫妻倆雖沒離婚，卻早已形同陌路，雖住在同一屋簷下，卻互不問候。

一次，先生躺在床上呻吟，盧玉以為他裝病，不加以理會。後來，先生接連幾天都沒進食，最後竟昏迷在床，盧玉這才發覺不對勁，將先生急送至醫院。這才知道，先生有肝硬化，病情已無藥可救了。

多留意、多關心，學會控制情緒，用心去溝通、互動，這些悲劇就不會發生。

產生怨恨的過程

（一）抱怨產生的過程

每個人都有自己的想法、個人的意見，這些主觀的見解需要透過溝通傳達給對方，如果溝通不良，沒有達到共識，就會產生分歧，造成意見分叉而形成歧見。

歧見一次沒有化解，兩次沒有溝通，慢慢地每個人都堅持自己的想法，執著於自己的觀點，就會產生既定的偏見，這就是成見。

開解

有了成見後，對方的一切就會被原先產生的認知給扭曲，就更不容易進行溝通。這即是產生怨氣的開始，也是衝突爆發的關鍵時刻。若沒有改善成見，雙方自然無法溝通，便會形成抱怨，若轉向第三者訴苦、發牢騷，抱怨、批評對方，則兩人就可能產生更深層的問題——結怨。

結怨是互相抱怨，產生各種衝突，若再互相攻擊、傷害就會樹敵，形成勢不兩立對立衝突，甚至生成仇恨。

第一層：意見。

個人的想法、觀點，眾人不同的意見會產生衝突。

甲乙雙方意見衝突

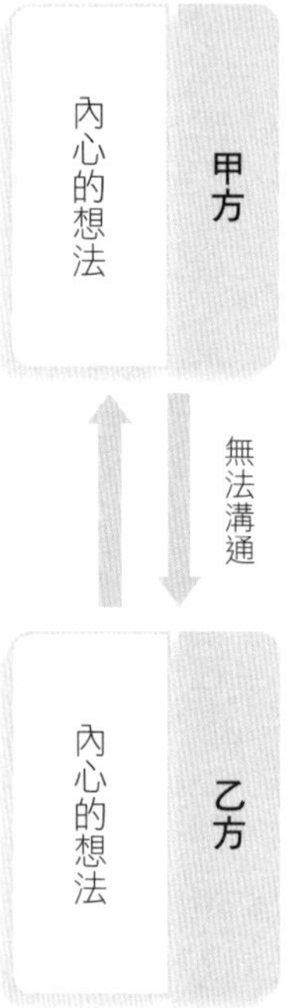

第二層：歧見。

雙方沒有達成共識，意見有如分叉路，形成歧見。

甲乙雙方意見產生分歧

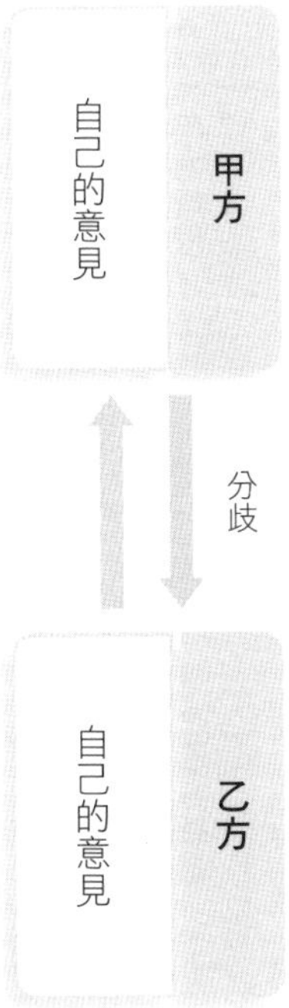

第三層：成見。

溝通不良又各持己見，每個人都執著於自己的想法，認為對方不對，對他人懷有成見，產生認知扭曲，甚至以自己偏執的想法去詮釋對方的話。

既成定見，雙方的心識作用產生嚴重的知覺扭曲

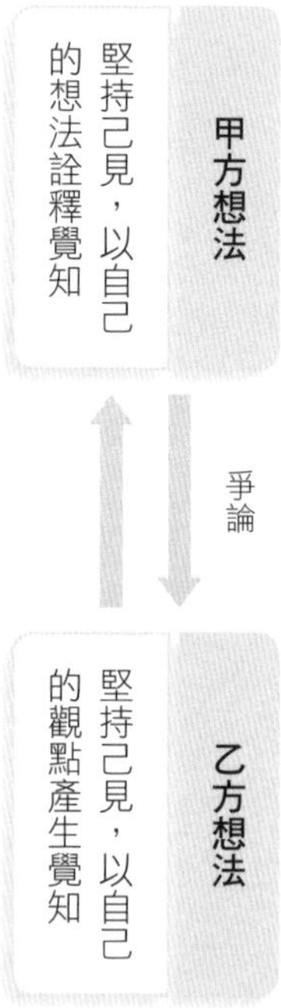

第四層：抱怨。

彼此無法溝通，轉向第三者訴苦，抱怨、埋怨、批評、誹謗對方。

互相抱怨、批評，結怨

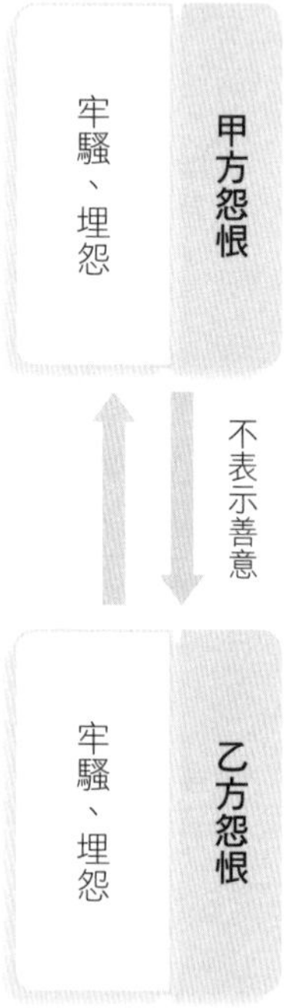

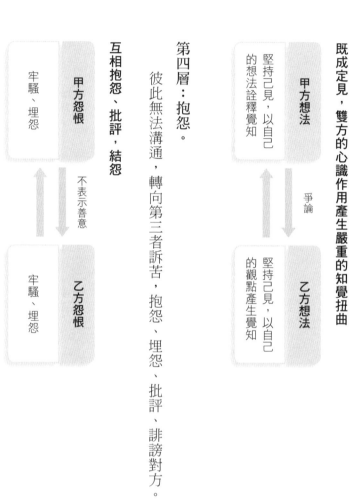

第五層：仇恨。

互相攻訐、傷害，甚至誓不兩立而冤冤相報。

甲乙雙方互相攻擊，傷害對方

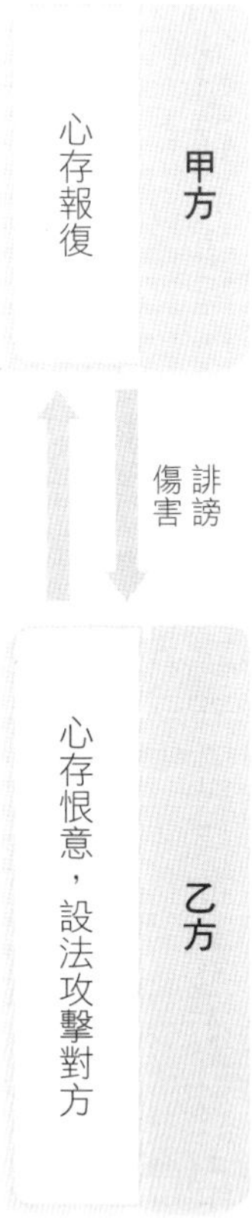

（二）產生成見後的認知扭曲現象

雙方一旦有了成見，或者是爆發衝突、產生抱怨、結為仇家之後，潛意識會認知自己委屈、對方無理，聽到對方所說的話就會憑著潛意識的既有想法、認知來詮釋、解讀，產生極明顯的認知扭曲現象。

固執性的負面解讀：用既有成見的想法產生詮釋。

選擇以負面的扭曲作解讀：同一件事，往壞的、惡意的方向去想。

以偏概全：將片段或一句話斷章取義，作為全面性的解讀。

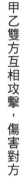

開解

惡意的聯想：將近似、類似事物聯想、組織起來，認為對方有惡意。

負面的錯覺：感覺對方存心不良，而產生很多錯誤解讀。

產生成見後的知覺扭曲現象

感受心（耳朵）	→	潛藏心（認知）	→	覺知心
聽話		認為自己委屈 認為對方無理		詮釋對方可惡 覺知對方可恨

第一層：意見

業務經理劉光要求總務主任王文調兩位女職員進業務部，王文表示調動人員需按人事程序填寫申請表，要等上級核批通過才可行，王文的回應讓劉光感到相當不悅。過了幾天，業務部內的員工犯了錯，劉光要求總務對其進行懲處，王文又說獎懲需要請劉光提出書面意見，此舉累積劉光的不滿，認為自己不受尊重。

第二層：歧見

劉光養了一條狗，請王文找人蓋一幢狗屋，王文認為工廠不宜養狗便不答應。劉光大為光火，認為王文總愛故意刁難他。

第三層：成見

從此，劉光認為王文對自己有敵意，處處都想找麻煩，說不定連發放衛生紙都會故意挑最便宜的給自己。有一天，總務部請人搬一張桌子到業務部，劉光每次看見那張桌子，就會想到總務主任王文，因而視那張桌子為眼中釘、肉中刺，一直耿耿於懷。

第四層：生怨

有一天，劉光的狗在工廠間亂跑，甚至在車間排泄穢物，王文便把劉光的狗關起來，以免狗狗再度造成大家困擾。劉光得知後，氣得找王文理論，兩人大吵一架。

第五層：仇恨

又有一天，狗走失了，劉光再也忍不住，覺得一定是王文把狗放走，認為對方太可惡而氣沖沖地去找王文理論，然後一股腦兒地把積累的怨恨全數發洩出來——為什麼不給好的衛生紙？為什麼搬桌子來故意不說？又為什麼連狗都不放過？尖銳的語氣和咄咄逼人的態度，致使兩人大吵大鬧、大打出手，雙雙掛彩。而後，王文找朋友來報仇，劉光叫警察來保護，鬧得沸沸揚揚，最後，雙方都被公司開除，因而丟失了一份穩定的工作。

（三）根據內心認知分析劉經理生怨的過程

1. 意見溝通

劉光欲調動人事，王文認為必須寫申請，各有自己的意見，他們只是想法不同而已，如果講清楚，可能就不會爆發衝突。

2. 歧見衝突

劉光自付費用蓋狗窩，請王文找人搭建，王文認為工廠不可以養狗，兩人意見有出入。

3. 有成見時的衝突

劉光和王文各有成見，也各有定見。劉光認為王文不尊重他，事事都跟他作對。王文認為劉光太誇張，事事找他麻煩，於是兩人在每件事情上都產生了嚴重的認知扭曲。劉光把不蓋狗窩、狗被關、狗走失等事件全數串連，並做了聯想與猜想，認定狗被王文放走，又覺得王文給自己的衛生紙一定是最差的（其實全工廠裡的人拿到的衛生紙品質都一樣）。如果雙方沒有成見，就比較不會產生認知扭曲。看到王文請人搬來的桌子，就認為王文不尊重他，這也是一種有成見時的認知扭曲。

4. 生怨

吵架，爭道理，講是非，互揭瘡疤，互說對方的不是，互相叫吼謾罵，心裡想的都是對方的錯，憤怒、激動的情緒完全是起於錯覺而扭曲的認知。

5. 仇恨

打架後，劉光不敢出廠門，總覺得廠外會有王文的人來打他，王文也怕劉光的朋友會來修理他，雙方都覺得對方懷有敵意，心識作用產生幻覺、錯覺，這便是最嚴重的認知扭曲。

開解

查理赴洋留學，取得MBA學位。回國後進入公司擔任業務經理，與公司其他經理、總經理時常溝通不良，事事爭論，對所有事物都懷有扭曲的詮釋，遇事也總從負面的角度解讀，因此與人衝突不斷，最後只能離開公司，對公司業績也造成了很大的負面影響。

衝突事例的分析如下：

- 查理未請假遭扣款，怪罪人事經理不通人情，更追究其他經理時常外出沒請假，為何不扣款？
  分析：人事經理的用意是希望這位新進的青年能懂得遵守公司制度，從嚴處罰，以示警告。
- 查理申請較便宜的手機未獲准，於是抱怨人事經理可以有兩支手機，為何唯獨他不能使用？
  分析：人事經理覺得查理私人電話太多，上班時間偶爾會與女友情話綿綿，甚至影響到其他同事的工作。
- 查理抱怨公司未經同意就搬動他的房間，不尊重個人隱私。董事長歎氣表示自己不知如何奉承他，搬房間這樣的小事，都要小心翼翼，只差沒有再通知，就弄得雞犬不寧，事事都與人衝突，實在太難相處了。

分析：董事長有位行動不便的朋友來訪，查理的房間靠近廁所，於是要求查理暫時搬到樓上。查理回應表示樓上的房間沒有網路線（意思是不同意），接著就外出了。董事長連絡不上，只好吩咐人事經理先將查理的衣物搬至隔壁房間。

- 查理抱怨公司沒制度，沒報價單，每件事都得要請示上級、讓主管過目，無法做好生意。

分析：總經理認為二手機器買賣生意，報價重點不在成本，而在客人的接受程度及競爭能力，須依經驗臨場應變，很難定標準價格。

- 查理認為自己是留學回國，英文能力很好，翻譯沒有問題，為何公司還要找人翻譯，實在太不重視自己了。

分析：總經理認為英文書信的撰寫有專業術語，找有經驗的專業人士來進行翻譯工作比較有效率，何況，也會同時發郵件給查理，讓他有機會參考別人的做法，又怎麼是重視、不重視的問題？

鬧解

查理抱怨總經理欺人太甚，竟然把自己的垃圾放在查理家門口。

分析：總經理認為，自己急急忙忙赴客人的約會，鄰居本要替自己倒垃圾，因為不好意思麻煩外人，故暫時將垃圾放在查理家門口，希望查理在垃圾車來時能幫自己處理一下。

其實，人與人之間若沒有默契就會鑽牛角尖，事情就會往壞的方向解讀，造成嚴重的認知扭曲，不但於事無補，還會形成無意義的抱怨。如果能夠往好的方面去料想，主動釋出善意和關懷，怨氣自然會隨風而散。

第十章　解除怨氣的秘方

解決衝突的辦法

衝突發生時，雙方有了成見，各有所執。雙方內心的想法不同、認知不同，都認為自己有道理，都覺得自己受委屈，都認為對方沒邏輯，而急於為自己辯解、企圖說服對方，因此，溝通就不會有交集。

有了爭執，不應該只是追究「誰對誰錯」，也不是耗盡所有時間去爭論「誰是誰非」，會有爭執，是因為雙方沒有默契而演變出來的情緒問題。此時，唯有保持冷靜、釋出善意，包容並聆聽對方意見，才能平復彼此扭曲的情緒認知，化解雙方埋藏在心的怨怒。

人際關係衝突與心識作用

衝突過程	心識作用：潛藏心	心識作用：情緒扭曲現象	解決方法
原因方法	想法、觀點 認知、心態	對事情的詮釋	改變想法、觀點 離開，避免感受心再受刺激 發洩
意見溝通	對方無固定的意見、想法	正確詮釋對方意思	溝通 避免無端爭論
歧見	意見分歧，各有自己的認知、觀點和想法	用選擇性、相對性的覺知作詮釋	討論 談判
成見	堅持自己的意見 定見、固定不變的偏見， 執著自己的想法	固執性的扭曲，整體性扭曲，斷章取義、以偏概全來覺知詮釋	去執，勿預設立場 不爭道理，不急於辯駁 耐心傾聽 停止爭論，不計較是非對錯 同理心，寬懷 釋放善意
結怨	怨恨、中傷 不滿、抱怨	明顯的錯覺，聯想性的扭曲，錯覺	勿抱怨 轉念，原諒寬恕 認錯、道歉、賠罪 調節，仲裁

衝突過程	心識作用		解決方法
	潛藏心	情緒扭曲現象	
樹敵	敵意、仇恨，抱怨和破壞對方的心態	產生幻覺或無覺，知覺嚴重扭曲	遠離、隔絕，勿再受刺激感染 勿持報復之心 忘掉對方

（一）意見溝通

互動時，注意溝通技巧，多傾聽、不要預設立場、不要急於表達，用寬廣的胸懷來接納對方的意見。只有耐心傾聽，徹底了解對方的意思後，才能產生出正確的認知，避免產生認知扭曲或誤解。

（二）化解歧見

當人際關係產生第一層衝突之後，在溝通時，常常會借用口頭語言和肢體語言（包括臉部表情、手腳動作、身體姿態）來表達自己內心的所想所思，雙方會基於某些原因而溝通遇阻，無法達成共識，各有各的意見，這就是歧見的產生。

歧見是人際衝突的第二層，歧見在心理認知上還未形成強烈的定見，因為對方的陳述意見，互相還可以正確地接受和正確地詮釋，不至於造成固執的認知扭曲。

因此，當第二層衝突的意見分歧或爭端產生時，可以通過討論、辯論的方式，運用談判的技巧來改善和解決問題，從而消除歧見。

（三）怨氣的化解方法

1. 停止爭論

有了成見，雙方就會爭論、抱怨。在這當下，對與錯其實並不重要，誰是誰非也不是重點。兩方都不服氣，都無法冷靜下來聽對方說，都只想從聲音音量、氣勢或說辭等方面來壓制對方，取得表面上、口頭上的勝利。結果，吵來吵去，不但吵不出結論，反而無法正確地傳達原意，無法讓對方理解、體諒自己。這時，如果再爭論下去也不會有意義，反而會失去情誼，這時，最好的辦法是先停止爭論，讓彼此冷靜一下。

2. 認真耐心傾聽

固執己見，執著於自己的觀點，心中早已下了結論，這種情況下是聽不進別人所講的話的。其心理認知作用就是以整體性、組織性來感受，也就是耳朵所聽到的資訊，經過心裡原有的認知，判斷成與自己認知相同的認知。根據對方的話，我們只感覺到對我們不利的片段或部分，因而將對方的意思斷章取義、以偏概全。將對方無心的話聯想成不利自己的意思，或用自己的邏輯來進行推論，這樣一來，做出的判斷就會與原有事實和別人想表達的意思產生偏差。

3. 接納對方，肯定對方

雙方爭吵，大部分有討公道、爭是非的心理，急於把自己的想法表達出來，讓對方能相信自己、肯定自己。這時候，我們何不以退為進？適當地肯定對方的判斷，讓對方把牢騷發泄完，我們再來表達自己的想法、意見。

通常，理智者常說的是：「對，你說得確實不錯、很有道理，不過……」如果一方能夠退一步去接納、包容對方，讓彼此抒發完情緒後，再進行理性溝通，這麼一來，雙方心中的成見就可以慢慢地化解。

4. 避免向不相關的第三者訴苦或抱怨

通常這些牢騷不便直接向對方陳述，或是有些情緒性的字眼是對方不能接受的，所以人們會轉向第三者訴說，只是，這些情緒性的話語經過第三者之口再傳至當事者耳中，可能會加深彼此的誤會，使感情更加惡化。

5. 以德報怨

王欣的弟弟從國外來訪，要到她的宿舍拜訪。舍監表示男生不可進女生宿舍。王欣感到非常生氣，因而和舍監大吵一架。自此，王欣對舍監懷恨在心，每次進宿舍看到舍監就掄眉豎目，舍監看到她也是吹鬍子瞪眼。

過了一段時間，王欣想：「這位舍監短時間內不會離職，而我又不願意搬離此宿舍，老是這樣也不辦法，不如和他和解。」

一次，舍監因病住院，王欣買了水果去探望他，舍監感動不已，因而不好意思地說：「其實那次我是奉命行事，望你諒解，口氣、態度不好，傷害到妳，實在很對不起！」此後，每當王欣回宿舍，舍監都會主動跟她打招呼，雙方也總是有說有笑，兩人再沒有怨氣。

王欣先轉變想法，表示善意，改善自己的情緒，化解了雙方的怨氣。

6. 釋出善意

有成見時，多說無益，釋出善意，才能化解衝突。

阿忠與陳經理由於長期結怨，雙方格格不入，每次對話都會吵架。有時是阿忠需要請假但陳經理不批准，兩人就冷戰一星期；有時是阿忠因公事需要申請公用電話但陳經理不認同，兩人就大吼大叫，甚至互拍桌子破口大罵。

陳經理生日那天，友人邀請阿忠參加陳經理的生日宴會，並勸他送份小禮物。阿忠對此非常反感，認為「豈有此理！我為什麼還要送他禮物？」，不但不參加，還氣得火冒三丈。阿忠女友知道此事後，瞞著他偷偷代送一張精美的生日賀卡給陳經理，還寫了一些道歉與祝福的話。

沒想到，奇妙的事情發生了。陳經理不僅開始主動跟阿忠打招呼，兩人還就此開始有效的互動，盡釋前嫌，好像過去從未發生過任何摩擦一般。

7. 誠意化解積怨

王董與張總是交往三十多年的老戰友，也是一生的事業夥伴。從開辦公司以來，兩人共同面對了創業股東拆夥、勞力短缺、匯率升值及公司財務困

鬧僵

難等危機，也共同經歷了公司破產以後到中國大陸設廠重整旗鼓的艱辛過程。

王董的孩子大學畢業、太太也從公家機關退休，紛紛加入公司團隊。這時，王董與張總的關係開始起了變化，兩人時常互相抱怨、爭論，無論是為了業務起爭執，又或是為了品質生嫌隙，甚至是為了買桌椅爆衝突。有次，國外廠商的訂單延遲了一個多月，王董詢問張總，材料是否可以跟其他廠商調配過來，連問了幾次，張總都不吭聲，後來竟不耐煩地回覆：「隨便啦！你高興怎樣就怎樣！」

王董意識到兩人關係鬧僵，也很清楚目前大環境不景氣、經濟條件又惡劣、人才也短缺難尋，實在經不起和合夥人吵架造成內部更多無謂消耗。於是，王董想找張總好好溝通，張總卻總是避不見面，把自己關在辦公室內生悶氣。

幾天後，王董好不容易等到張總，經過一番好言相勸後，張總才終於說出了自己累積已久的怨氣：「當初說好，業務交給我管，廠務讓我來處理，結果怎麼你事事都要插手？現在是你們一家三口要聯合起來對付我、欺負我嗎？我辛苦了大半輩子，到底得到什麼？以前看別人公司每年分紅數百萬元，我們苦哈哈地撐過來，現在樹大可以分枝了，公司大了其實也可以分家了，不是？從美國出差回來，我生病了快三個月，以為是工作太勞累，現在才明白，是心累，所以，我也不想再浪費生命，乾脆退休好了。」

王董很耐心地傾聽，很冷靜地接受。對方提了很多問題，說了很多心裡話，包括工作分工的問題、家人介入經營的問題、公司盈虧的問題、公司分紅的問題等，只是這些都不是王董一時可以解決的，所以，經過徹夜思量，王董決定請教其他股東。與股東們進行討論、分析後，王董匆匆趕回工廠，希望儘早解決張總提出的條件和問題，但張總始終表示自己心情不好，沒心情討論。

王董耐心等了一天，第二天張總以頭痛、腰酸為由婉拒見面。王董邀請張總吃晚餐，張總又說自己胃口不好，不能吃太油膩的食物。第三天早上張總說要開主管會議，下午有訪客，晚上身體累了需要休息。王董被折磨了數天，仍是苦心等候，從早等到晚，不免越等越心急，因而有些無助挫折，彷徨之際徹夜難眠、度日如年。幸好，王董還算沉得住氣，在第四天早上和張總見到了面，傳達了股東們的意思，提出了能改善的方案，因而化解了老戰友拆夥的危機。

公親不要變事主

(一)化解怨氣的方法

1. 緩和雙方的情緒

在雙方爭吵很猛烈或情緒很激動時，先安撫兩人，設法隔離他們，使兩方情緒降溫，以免繼續爆發更大更多的衝突。

2. 讓一方先說，請另一方耐心傾聽

甲乙雙方火氣很大時，都會急於為自己辯護，急著說自己的委屈，急於要討回公道。這時應請乙方先冷靜，讓甲方先說完，再請乙方回覆。倘若乙方能冷靜聆聽，讓盛怒的甲方說完委屈，過程中乙方不急於反駁，等甲方說完後，換乙方陳述、說明自己的立場，雙方的情緒自然就會冷靜下來。

3. 調解者要耐心傾聽

調解者必須瞭解雙方不滿之處、發生衝突的前因後果及雙方的需求，以便能對症下藥，化解尷尬；在未能瞭解來龍去脈及雙方的癥結點前，不要急於表達意見或是胡亂提出建議，切記勿用訓誡的態度去教訓或責備任何一方，否則會引起反感、反彈或反抗。

4. 適當地為彼此打圓場，適度地安慰雙方

對雙方所抱怨之事展現同情和理解，適度安撫兩人委屈之情，進而為對方講好話，讓一方知道另一方也很關心、肯定、在意他，對方也是為了大局或為了彼此好，盡可能地減少抱怨者們的成見。

5. 個別訪談

雙方情緒過於衝動時，可分別進行對談，讓兩人都能充分發表自己的意見和想法，使兩人都能充分發洩個人的情緒與感受。

6. 等雙方情緒冷靜時或有把握和好時，再集合雙方一起來面談

等到雙方的情緒都緩和下來，再見面時就不會過度堅持自己的見解，也會不好意思當面斥責對方。

7. 勿直接傳話

調解者對雙方的回饋要斟酌用詞，勿直接傳話，任何一方的抱怨或訴苦，都不應該透過調解者來傳達，尤其是攻擊對方的話，否則一定會造成雙方的敵意，甚至加深兩人的仇恨。任一方講自己的不平、對方的不是，調解者不能全然盡信而同仇敵愾，也不能時常否定而糾正駁斥，不然會造成雙方對調解者立場的質疑。

8. 防止被流言所傷或被激怒

調解者有時可能會被一方誤解，被指責不公平、袒護某一方，甚至被雙方莫名其妙的情緒性字眼給刺激、影響，此時應保持冷靜，否則就很容易捲入雙方的紛爭，造成更大的風暴與傷害。

(二) 調解失控，造成反效果

業務經理劉光與總務王文發生衝突，請總經理仲裁，約好晚上六點到餐廳調解。劉光本已提前出發，因為車輛調度問題臨時被總經理叫回公司處理。劉光擔心遲到，搭計程車趕往餐廳。沒想到，總經理與王文因為走錯路，都遲到了半個小時。兩人一進餐廳，就看見劉光怒髮衝冠的模樣，因此，三個人的心情都不太好。

總經理沒有緩頰劉光和王文的情緒，不等上菜，劈頭就要劉光說明兩人爆發衝突的原因。劉光怒氣沖沖地說：「為什麼搬桌子不給我打個招呼？為什麼連我的狗都欺負……」越講越大聲，最後劉光竟激動地站起來，一腳踏在椅子上，手指著王文破口大罵。王文忍不了，也不甘示弱地對吼。總經理請兩人先坐下來，要劉光慢慢講，叫王文先忍一忍，兩人這才坐下。而劉光只停頓了一會兒，又繼續抱怨：「你為什麼不尊重我？是不是看不起我？」甚至出口成「髒」，惡狠狠地咒罵了王文一頓。王文忍無可忍，抄起手邊的玻璃杯朝劉光砸過去，劉光如猛虎般壓制並痛擊王文，結果王文的眼鏡被打碎，頭還摔成腦震盪，劉光的手也因而脫臼。總經理調解不成，只好將兩人解僱。

分析：

調解者太大意，沒有控制好雙方情緒。總經理不該將劉光叫回公司，造成劉光的不便外，也造成劉光對自己的不信任，加上赴會又遲到，使劉光怒氣積壓到極點。而劉光橫坐在椅子上，堆上滿臉的怒火，也造成三人情緒無法穩定冷靜。而調解者應請大家點菜，在用膳期間先閒聊其他話題，緩和氣氛後再切入正題，較為妥當。

劉光與王文都太過劍拔弩張，劉光存心挑釁，王文憤而傷人，早已醞釀大打出手的可能性。調解者未及時發現、未事先防範，導致了兩人在餐廳上演了全武行。一旦調解者感覺雙方有擦槍走火的危險時，就應該立即制止並將兩位隔離。

（三）為雙方圓謊、說情

出納組長對會計主任有許多的抱怨，寫了封密密麻麻的投訴信給經理。經理叫出納組長進辦公室陳述自己的不滿。出納組長很憤怒地表示：「會計主任的工作好像太輕鬆了。他什麼都沒做，甚至什麼都不懂，每次都只是簽簽字、蓋蓋章，把所有事情都丟給大家！」經理認真地傾聽並點頭安慰道：「說慢一點、具體一點，你能否舉些實例來說明嗎？」出納組長說：「公司改了制度，很多賬目要處理，他全都丟給別人，連到國稅局領稅單、拿報表，都是我去的。」經理說：「派你去國稅局領稅單是我的意思，因為你是本地人，比較了解相關的情況，而且，主任若常往外跑，那會計部不就要唱空城計了嗎？其實主任對你很好的，他常跟我說你積極上進，也經常誇獎你，甚至還幫你爭取升職加薪呢！然而，他是主任，你身為組長，服從主任的指揮，會更凝聚整個會計部的向心力。」出納組長聽完，怨氣也消了，便回到工作崗位上繼續辦事。

這時，經理再把會計主任叫來詢問，主任無奈地說：「出納最近工作繁多，做得相當不耐煩，還到處煽火，跟其他同事聯合起來說我壞話。」經理說：「出納是因為到國稅局領報表一事而感到委屈了，畢竟領一張報表要排隊兩小時，很耗費時間。所以，你也要多想點對策，多聽他們的意思。」

經過個別對談後，經理覺得雙方情緒較為緩和，這才請雙方坐下來一起協商。經理跟他們說：「最近公司改制，增加了很多工作，大家都辛苦了，有很多地方需要磨合、溝通，希望大家能多諒解。大家有什麼樣的意見或改進方案，現在儘管提出來。」儘管會計、出納各有表述，但是氣氛理性而平和。經過溝通後，大家也握手言和。

戰勝恐懼

有良心的人

能在危急時集中精力

戰勝不安、發揮所長

自信者，人恆信之

開解

喬・吉拉德是美國也是世界上最偉大的汽車銷售員。他所保持的銷售記錄，至今無人能打破。他曾經多次為各大企業的銷售精英傳授自己的寶貴經驗，在他看來，勇氣和信心是一個成功的銷售員最重要的品質。有一次他講述了自己戰勝恐懼心理的方法。

他剛入行的時候，銷售成績並不好。在一次推銷過程中，他遇到了一位滿臉橫肉、給人感覺隨時都會發火的老先生。他照本宣科地向顧客講述產品優點和使用功能，老先生只是面無表情地盯著他看，既不說好也不說壞。在那種令人尷尬的場面下，吉拉德一邊介紹產品，一邊緊張了起來，額頭上也不斷滲出汗珠。缺少了自信，講話變得結結巴巴、吞吞吐吐，他一度忍不住，很想放棄推銷然後奪門而出。

相信一般銷售員遇到這種情況，可能也會這麼做吧！

這時，吉拉德的腦海閃過了一個念頭，我希望能成為世界第一流的推銷員，如果連老先生這關都過不了，將來還能成什麼大器？因此，他鎮定心緒，鼓勵自己，將看起來不苟言笑的老先生比擬成動物園裡的大熊，想像老先生只是表面上可怕，實質上很可愛善良……

這樣一想，吉拉德內心的恐懼感頓時消失了大半，在言談中也恢復了往常的鎮定與自信。

最終，他成功打動了老先生，老先生甚至爽快地向他下訂了很多貨物。這件事看似不足掛齒，但對喬・吉拉德的銷售生涯影響卻很大。因為他明白了一個道理：如果連你都不相信自己，又怎麼能讓別人相信你呢？

自信者便是自強者，自強者便是最終的勝者！

第十一章　恐懼的心識作用

恐懼的種類

懼是一種心理認知作用的情緒，也是潛意識自主活動中的正常現象，並非我們意識所能控制的。懼的情緒來自人們潛藏心的經驗，可能是認知到自己能力不足、技術不夠、知識有所欠缺，又可能是因為產生了做錯事的想法，還可能是因為回憶起某些記憶，因而不由自主地產生出來的情緒。

懼的情緒大致可分為三類：

（一）自卑、緊張

人們對自己的能力、技術沒有信心，感到慚愧而遇事退縮、不敢向前，產生了緊張、手腳發抖等生理反應。因此，我們要積極了解懼的情緒，克服自卑和怯懦，特別是要培養抗壓性，面對強者而不卑，面對勇者也不懼。

（二）害怕、不安

人們在做壞事或感到心虛時會良心不安、臨危慌亂，甚至睡覺時會做惡夢。白天不做虧心事，半夜不怕鬼敲門，若想要內心安穩踏實，就必須堅定地做個良善之人，平時不做壞事、多做好事，自然不會產生懼怕的感受。

（三）恐怖、驚嚇

很多人常會不自覺地對某些事情感到害怕，或是容易被某些事物所驚嚇，缺少英雄們大無畏的精神，主要原因有三：一是患得患失，一旦能力不足、內心不夠安定，就會缺乏「勇氣」；二是做事優柔寡斷，處事缺乏主見，特別是針對理不清的怪現狀或事物本質；三是缺乏強大的「靠山」來分擔危機或風險，主要是喪失內心的主宰。因此，我們平時要多學習，積極地瞭解各種自然現象、恐怖狀況或騙人把戲的本質，用科學的角度、理性客觀的態度去面對。有虔誠遵奉的宗教或信仰，適度仰賴，但不迷信，尤其不可胡亂相信「神話」和「鬼怪之言」，這樣才是正當而正向的信仰。

開解

恐懼產生的原因

（一）懼由潛藏心而起

懼的情緒，產生於人類潛藏心自主性的顯現現象，主要表現為以下四種狀況：

1. 缺乏信心的自卑

很多人對自己、未來和前途沒有信心，特別是在經驗不足、技術能力不成熟、內心認知自己沒有把握的情況下，會對自己的能力產生懷疑，因而導致覺知心產生自卑、退縮、緊張、慌張的情緒。

缺乏信心產生懼

潛藏心（認知）
經驗不足、技術不成熟
對自己產生懷疑

↓

情緒
自卑、退縮
緊張、慌張

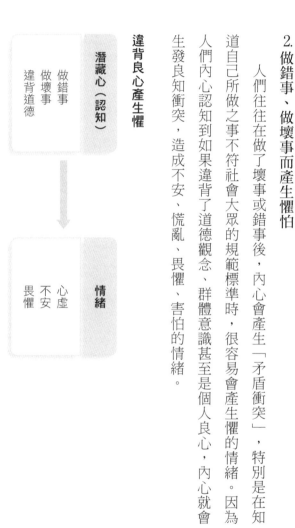

2. 做錯事、做壞事而產生懼怕

人們往往在做了壞事或錯事後，內心會產生「矛盾衝突」，特別是在知道自己所做之事不符社會大眾的規範標準時，很容易會產生懼的情緒。因為人們內心認知到如果違背了道德觀念、群體意識甚至是個人良心，內心就會生發良知衝突，造成不安、慌亂、畏懼、害怕的情緒。

違背良心產生懼

3. 對未知事物缺乏瞭解而產生懼怕

人們對一時無法判斷的事物也會產生害怕的情緒，特別是對不知道的、不熟悉的或者人類能力一時無法解決的事物，因為內心不知道、習得的知識無法理解也無法判斷，故而產生擔心、受怕的情緒。例如，很多人害怕雷聲，是因為他們對雷電產生的原因缺乏科學層面的認識，將「苛刻不孝，天打雷劈」的俗諺信以為真，以為打雷是「老天發怒要懲罰不孝之人」的情狀，故而產生恐懼。其實，下雨時打雷、下雨前打雷、無雨時打雷都是自然現象。

對未知的物產生懼

4.因為信仰而產生懼怕

無神論者堅信科學、規律，面對違背科學、規律之事，會擔心遭受科學、規律的懲罰；有神論者篤信教條、教義，面對違背天意、神旨之事，會對信仰宗教中所存在的惡神、魔鬼、忌諱、禁忌……等有所顧慮，因而產生害怕、恐懼、驚嚇的情緒，久而久之，甚至還可能會造成「情緒扭曲」。

負面信仰產生懼

潛藏心（觀念、想法）

信仰教義中的惡神、魔鬼
禁忌、忌諱

↓

情緒

恐懼、害怕
慌張、驚嚇

（二）懼的情緒由感受而起

下面，我們先來看一看迷信可能產生不安的心理認知作用過程：

恐怖、心虛、忌諱產生不安的情緒

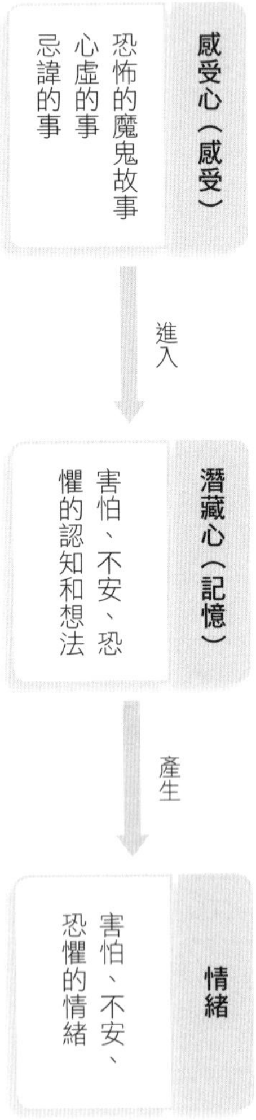

如上圖，人們面對自己不能克服的事，例如被他人灌輸的恐怖故事、算命師預言告知的惡運、鬼神警惕告誡的禁忌、巫婆的下蠱詛咒等，這些資訊一旦進入潛意識，就會使人們產生害怕的情緒知覺。

其實，一切事物的產生絕不是無緣無故的。通常，人們內心會產生懼怕是因為自己心裡想到、眼睛看到、耳朵聽到、鼻子嗅到、身體接觸到令人害怕的資訊，從而產生出懼怕的情緒。

某個病人患了不治之症，醫生告訴其家人說：「此人大約只剩半年時間了。」一開始，病人不知道診斷結果而「自我感覺良好」，而後，希望知道診斷結果的病人堅決表示自己不會受到「情緒」的左右。然而，自從家人將醫生的話告訴他後，他就不自覺地生活在莫名的恐慌之中。即使他表面裝作沒事，心裡卻天天數日期，因此艱難地挺了半年，終究不治而亡。反之，患了同樣疾病的另一患者，因為家人保密工作做得好，即使病情更嚴重，卻多活了兩年。

（三）用思想心進行理性的思考，可以克服恐懼

恐懼既然由內心想法認知而來，那麼，克服恐懼就應從內心潛意識的想法認知開始，應運用理性的思考，改變內心的想法，從而消除心中的恐懼，即所謂「智者無懼」。

開解

克服懼的情緒

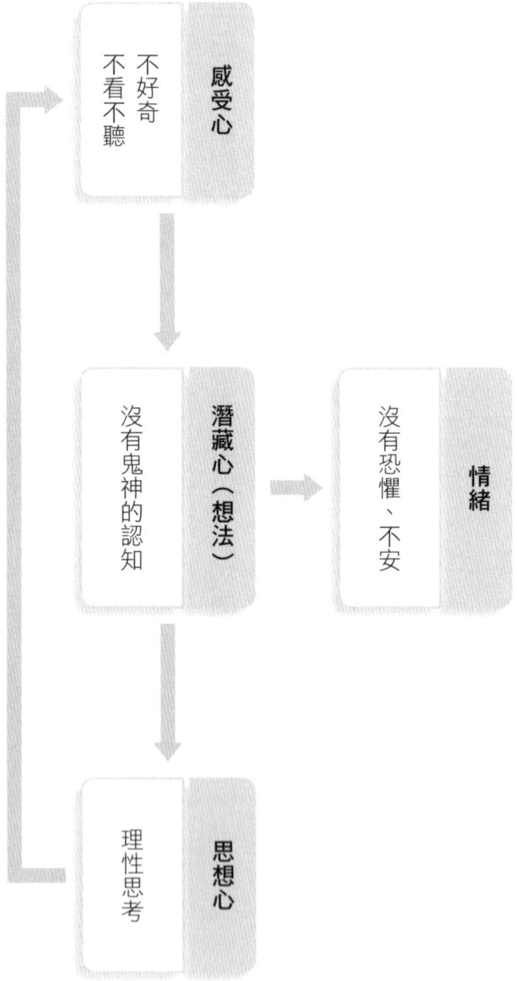

再者，人們的恐慌往往是被自己或外在環境所渲染、暗示而形成的，所以，應對負面、消極資訊敬而遠之，有意識地避開此類事物，從而自覺地遠離恐懼資訊的源頭！

克服恐懼的方法

通常，我們對某些事情出現信心不足的狀況時，就比較容易產生害怕、畏懼、緊張、退縮、自卑等情緒，這些都是由我們的內心認知、想法所導致。因此，要想有效克服恐懼，必須從各種層面去改變我們內心原有的看法，特別是要重新修正我們對事物現象產生的既定判斷，把原有的認知標準清除乾淨。

（一）學生考試時的緊張、害怕

學生在考試、測驗時最容易產生緊張、害怕的情緒，那是因為他們常常擔心失敗、擔心考不好，患得患失的內心想法導致自己產生緊張的情緒。其中的原因可能有來自父母、老師、朋友的壓力。緩解方法為閉目養神，深呼吸，不去想這些事。

（二）比賽時的緊張

比賽時，參賽者們內心往往太過患得患失，無論是「成者為王，敗者為寇」的念頭，抑或是「勝者晉級，輸者淘汰」的條件，都會造成參賽者緊張、害怕的情緒。

面對比賽我們要重在參與、志在參賽，沒什麼好感覺恐懼的，將自己的實力完全地發揮，用積極進取的態度去改變負面消極的想法。臨陣時，專注於神情、呼吸，使自己內心保持冷靜鎮定，這樣才能有效發揮出應有的水準。

（三）演講時的緊張

演講時，可能會因為準備得不夠充分，或是事先沒想到會有這樣突然的安排，所以每個人在一開始都會感到慌亂。最快速、有效能緩解緊張的方法是抓穩桌子、麥克風，然後稍稍轉移內心的注意力，比如選擇對某特定物件說話，把台下的朋友、同學們當作談話對象，逐步緩解自己的恐慌。

（四）面對大人物、主管講話時的緊張

《孟子》：「說大人，則藐之」，表示即使是面對大人物或自己的上司、師長也不必感覺畏懼，不要把對方看得太高貴、太尊榮而擔心自己會講錯話。應該調整想法，不要把他們看得太高，不要把他們當達官貴人，而是把他們當成好朋友或慈祥的長輩去對話，這樣比較不會感到緊張，也才能侃侃而談。

（五）躲債、逃亡時的緊張

欠債而無力償還時，內心總擔心害怕會遇到債主；犯罪而逃亡流竄時，因為怕被人發現而躲躲藏藏，每分每秒都擔驚受怕而草木皆兵，造成了內心極大的痛苦。唯有面對現實，才能真正解除內心的懼怕。

（六）勇者不懼

內心有勇氣的人，因為懷有不計得失、不計成敗的想法，便能充滿勇氣地去執行；有勇氣的人敢作敢為，什麼都不怕，因而不會產生畏懼的情緒。

（七）自我鼓勵，自我突破

紐約華僑謝夏的愛女被班上的同學嘲笑長得醜，自此覺得自己樣樣都不如人，也形成了自卑、退縮的性格，同學的嘲笑更使她產生了強烈的孤獨感。謝夏得知後，告訴女兒：要改變觀念，轉換想法，自求多福，可以試著用下列方法來變換思考的角度：

欣賞自己（Enjoy Yourself）：讓自己快樂，使自己高興。

感激自己（Appreciate Yourself）：想一想自己擁有什麼，知道滿足、感恩、感激。

喜歡自己（Like Yourself）：想一想自己的長處、優點，認同、滿意自己的特點。

從此，謝夏的女兒克服了自卑，每天都過得充實快樂，與同學的相處也變得融洽。

第十二章　勇者不懼

迷信帶來的恐懼

現實生活中，人們往往因為信仰、習慣、文化屬性及對自然環境現象的理解不同，從而在出現海嘯、洪水、地震、死亡、殺掠等負面資訊時，不同地區的人們會產生不同程度的恐懼。

下面，我們著重分析禁忌、忌諱發生時或江湖術士算命的預言應驗時所帶給人們的負面情緒。

（一）禁忌、忌諱產生的害怕

中國民間陰曆的禁忌很多，有禁忌的風水、擺設，有禁忌的月份、日期。所以人們在禁忌的月份常常不敢結婚、不敢搬家、不肯讓新居落成……等，一下害怕這個，一下擔憂那個。運用陽曆計日的人們，比較不會覺得有顧忌，也比較不會每隔一段時間就因忌諱而擔心害怕。

由於中文數字四與「死」諧音，因此人們往往不喜歡數字四，對其感到排斥。但是不懂中文或東方文化的人，就比較不會有此忌諱。

因信仰而吃素者不小心吃到葷食會感覺噁心、不舒服，這可能是由於信仰中的禁忌、忌諱而不自主地產生出害怕的情緒。

諸如此類的情狀，不勝枚舉。而這一切的根源其實在於人類的內心，所以我們必須更客觀、科學、理性地去應對。

（二）江湖術士算命的預言應驗

江湖術士的預言有如詛咒，可能會讓人產生負面力量，導致人們產生沒必要的恐慌。

金玉麗因為好奇而讓自稱會看相的朋友算命，朋友胡言表示她今年會有血光之災。幾日後，她不小心在街上被人搶走皮包，手腳也不小心刮傷了。她便認為這位朋友算得很準，根本是先知、高人。

蔡東被算命師斷言：「會在猴年犯小人。」因此，蔡東每逢猴年事事處處都會疑神疑鬼而爭議不斷，結果他還以為是算命師算得精準，把對方當成是真神、能人。

方太太搬新居，客人羅先生來訪。羅先生自認為很懂地理風水，走到方太太的新房後說道：「哇！你的腸胃是不是有問題，你床上正中央有盞電燈，正照著肚子，把胃腸照壞了。」「哇！你晚上睡覺不安寧，鏡子正對著你的床！」方太太很相信，於是花了數萬元把床上藝術燈拆掉，把床邊的梳粧檯拆除。

其實，算命一類的把戲，是算命師利用了某些人的愚昧無知，使其內心因為被暗示，而在不知不覺中心生各種恐懼。

因此，正確面對禁忌、預言的態度應該是遠離愚昧，拒絕迷信。

善者心安

道德是社會上普遍公認的大眾行為規範及標準，也是社會大眾公認的處世原則。

開解

（一）基於道德良心的發現

道德的心識作用

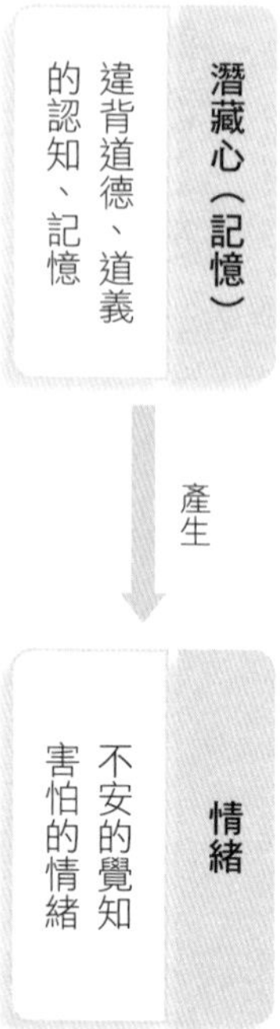

我們都知道，殺人、放火、偷竊、強姦……等都是嚴重的犯罪行為，背信棄義、行為不良……等則是社會大眾公認的不道德行為，這些來自於大眾的共識具有很強大的力量。因為群體意識通常會影響個人見識、想法和認知，會儲藏到人們內心深處的潛藏心系統，從而形成人類潛藏心的記憶種子。

（二）善良的心力

良心是人類記憶、想法和認知中充滿積極正面效果的力量，因此，有良心的人透過覺知心所顯現出來的通常會是具有善意之事，所顯示出來的通常也會是令人心安、欣慰和快樂的感受，久而久之，就會形成巨大的正能量磁場。

有位智者曾表示，就算是再高明的騙子，能騙得了天下人，也無法瞞騙自己的良心。所以我們要學會「修煉德、悟、度」，才能使自己立於不敗之地。

為善的心識作用

潛藏心（想法）
道德的認知
良心的想法

↓ 心識作用 自然產生

情緒
心安、快樂
自豪的覺知

（三）做錯事的心理認知現象

通常，人們做錯事後會產生很多心理認知現象，其中最常見的是害怕、驚恐等。我們的內心一旦存有某種惡意，心懷不軌地算計別人、圖利自己、企圖損害別人，就會產生不安、心虛、懷疑、害怕。過去做過的壞事、做過的錯事或是昧於良心的往事，儲存在內心，這些記憶猶如有毒的種子，會造成內心良知與現實的衝突、矛盾，也會在人們不知不覺時顯現出來，導致不良的影響。

做壞事的記憶種子，儲存在心裡形成潛意識的前意識。在意識清醒時，人們基本上可以用抑制力勉強地控制、壓抑住前意識，使之埋藏在內心深處的潛意識中。但是，當抑制力薄弱或危急產生之時，很多意想不到的意識就會在人們不知不覺之際自然地流露，因而造成對自己不利的情緒。

（四）道德名言所蘊含的心理認知現象

從古至今有很多的名言佳句，其實按心理認知運作的邏輯來分析，古人的經驗也是心靈所思所想的顯現。

1. 善有善報，惡有惡報

善有善報：做善事則內心踏實、有信心，故能發揮潛力。

惡有惡報：做壞事會心虛、擔心、驚慌失措，從而喪失能力。

通常，人們做好事、善事，儲存在內心潛意識中的良性、正面記憶猶如美好的種子，發芽後會產生令人快樂、歡愉的情緒，因此，做好事得善果，是因內心產生良性預期之應驗。但是，倘若我們不小心做了壞事、錯事，儲存在內心潛意識中的就會是惡性、負面的記憶，猶如醜惡的種子，發芽後則會導致內心產生惡性預期之應驗。

善惡有報的心識原因

潛藏心（記憶）

做好事、做善事的良性記憶
做錯事、做壞事、不為人知醜事的惡性記憶

↓ 顯現 揭發

情緒

快樂、自豪、善良的種子
擔驚、受怕、有毒的種子

2.白天不做虧心事，半夜不怕鬼敲門

心虛是內心想法、記憶在欠缺道理或做錯事後所產生的認知。人們感受到儲藏在心中的壞事時會滋生害怕、慌亂的感覺，就會心驚、煩亂，就連半夜聽到敲門聲也會擔憂、驚慌。

害怕半夜被敲門的心識原因

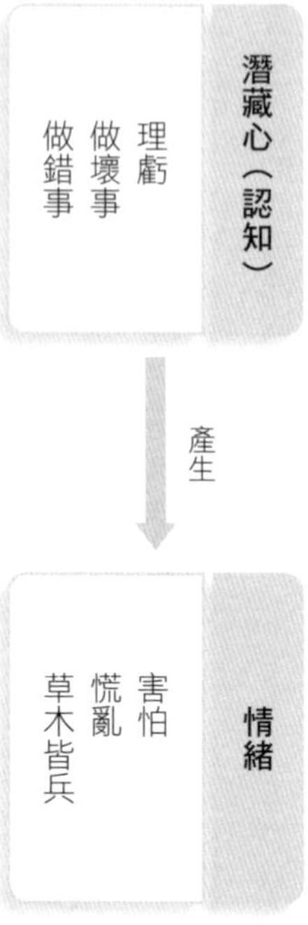

俗語說：「平生不做虧心事，夜半敲門心不驚。」有些人因為做了虧心事，半夜睡覺時，意識較為恍惚，潛藏心中的心念顯現而夢到鬼、夢到下地獄、夢到被自己傷害的人，那就是潛意識記憶、認知導致的知覺扭曲，使人產生錯覺、幻覺，誤以為自己聽到鬼哭神號、看到鬼神出沒或現身。

3. 邪不勝正

邪不勝正的心識原因

潛藏心（認知）		**情緒**
邪者：理虧、心虛 正者：堅定、自信	顯現 →	邪者：危急之時易失誤、失控 正者：在危機之時發揮潛能

理由不正當而理虧時，內心記憶認知到不正確，就會用意識強行抑制，導致注意力不夠集中而產生失誤、失敗。反之，當內心記憶認知到理由正當，會使內心堅定、充滿信心，便能夠在危急時集中精神，戰勝心虛，發揮潛意識的力量。

（五）積極的安心之道

1. 重視道德

遵守社會大眾共同規範的法則，不偷、不搶、不作奸犯科、不傷天害理、不胡說別人壞話、不惡意誹謗他人，保持內心坦蕩，就不會遭受群體意識的指責，也不會因為犯了錯事、做了壞事、傷了別人而產生不安，自己心中安定無愧，自然就不會有害怕。

2. 選擇正面的感受

淨化感受心：非禮勿視、非禮勿聽、非禮勿近，避免負面能量的影響、汙染。

選擇正派的朋友、同學、同事和上司：結交損友會被不正確的觀念誤導而改變原有價值觀，甚至被引誘去做壞事而產生不安；良師益友則會規勸向善，互相支持鼓勵，培植出更正面積極的價值觀、思想及態度。

選擇正面的訊息來源：真實而感人的影視娛樂節目，能使你感到知足、美滿；荒誕的鬼故事、恐怖的電影或電視節目因為具有暗示性作用，會誘導人們感到不安，因此，當你身處於黑暗或類似環境時，容易因聯想而不自覺地害怕、恐慌。

選擇正面的場合、處所：一個好的學習地點，燈光柔和，環境莊嚴，氣氛肅穆，能使人感到安詳、專注。

3. 不要隨便算命觀相，不要胡亂求神問卜

算命師總會告知好運或惡運，聽到會發生惡運就形同被詛咒，因而在心中植下負面記憶和認知，形成潛意識中負面的前意識，會在不知不覺中產生害怕、不安的情緒。

4. 播種善因

存好心，做好事。灌輸內心好的記憶和認知，培養良心的種子，可栽植、散播良好的內心記憶和認知，補充內心潛意識的正面能量。

多佈施，可積德。世人皆認為佈施可以積功德，群體意識所共識的善事，也是自己認為正確可行的好事，因此，佈施可說是一種涵養人類內心、心靈的力量。

萬事從心起

天下沒有不可原諒之事
也沒有不能相處的人
更沒有任何一種困難
會因為你的放棄而離去

附錄一 智慧．語錄

一、心態、觀念篇

- IQ可以助人找到工作，EQ可以助人步步高升。
- 一言不中，千言無用。
- 人可以處變不驚，不能處驚不變。
- 人生最難的不是奮鬥，而是選擇。
- 人要爭氣，不要生氣。
- 人無遠慮，必有近憂。
- 已完成的小事勝過計畫中的大事。
- 不識貨半世苦，不識人一世苦。
- 井無壓力不出油，人無壓力不成長。

斤斤計較，半斤八兩。

世界上不是沒有美好的事物，而是看你有沒有發現的心。

只要找對路，不怕路遙遠。

失敗與挫折，其實是上帝包裝後的祝福。

生命之所以喜悅，是因為通過學習和努力而有所成長。

沒有做不到的事，只有想不到的事。

多一個朋友，多一條路；少一個朋友，多一道牆。

如果不能就一定要，如果一定要就一定能。

有形的牢獄關一陣子，無形的牢獄關一輩子。

有壓力是能力不足，有問題是方法不對。

江山易改本性難移，本性一改江山難移。

百句空言不如一次行動。

人之所以成就一生，是因為所見所聞；人之所以斷送一生，則是因為不知不覺。

有什麼樣的思想，過什麼樣的生活；做什麼樣的抉擇，有什麼樣的結果。

開解

- 自助而後人助，人助而後天助。
- 吵架只會提高音量，不能提升內容。
- 努力一陣子，享受一下子；不斷地努力，一輩子都在享受之中。
- 快樂不是一種方法，而是一種選擇。
- 抉擇要擺在奮鬥之前。
- 沒有危機就是最大的危機。
- 押對賭注贏一次，押對恩人贏一輩子。
- 信任是人類進步的原動力。
- 看不懂的時候跟著做，看得懂的時候拼命做。
- 計較眼前，失去未來；控制情緒，控制未來。
- 責任的承擔是成長的開始。
- 就算你一貧如洗，也要相信自己絕非池中之物。
- 經驗是你最好的老師；真正的投資，是投資自己以獲取足夠的實戰經驗。
- 腳步跨出去的大小不重要，重要的是方向。
- 與其改變別人，不如改變自己；與其改變膚色，不如讓自己出色。

- 請相信你是世界上獨一無二的。
- 論是非一無所有，論成長應有盡有。
- 鼓勵和讚美，使白癡變天才；批評和謾罵，使天才變白癡。
- 行銷是從假設開始，並在不斷的印證中實現。
- 做中學，學中做，邊學，邊做，邊修正。

二、學習、成功篇

- 目標是人生的清醒劑，學習是成功的加速器。
- 學無先後，達者為師；迷者師通，悟者自通。
- 學歷不如學習力，財力不如影響力。
- 學識不如知識，知識不如做事，做事不如做人。
- 三人行必有我師焉。
- 千點萬點，不如名師指點。
- 知我者為我師，要不斷地培養學習力、分析力、判斷力、魅力、影響力、

開解

財力。

- 不是生而知之，而是學而知之。
- 學習新知需要複習舊知，複習舊知需要實踐真知。
- 今天的事情馬上做，明天的事情今天做。
- 成功的起點是決心，成功的終點是堅持。
- 良好的習慣是開啟成功的第一把金鑰匙。
- 成功者永不放棄，放棄者永難成功。
- 一個成功男人的背後有一位成功的女人；一個失敗男人的背後有一群失敗的女人。
- 成功的人從失敗中記取教訓、忘卻痛苦。
- 成功的人會看機會，失敗的人只看困難。
- 成功三條件：好機會、好環境、好好努力。
- 成功不是有話要說，而是看得懂、聽得懂。
- 成功體現規律，但成功不是規律。
- 困難與挫折是播下成功的種子。

- 走到半路，比走到終點更辛苦。
- 卓越的傳統可以繼承，而成就需要自己打造。
- 智慧不是指知識，解決問題的知識才算是智慧。
- 生命不在於活得長與短，而在於頓悟得早與晚。
- 大捨大得，小捨小得，不捨不得。
- 人之所以快樂，不是得到得多，而是計較得少。
- 人類身上最大的兩把武器：信心和勇氣。
- 平凡人最大的缺點，就是自認為自己比別人高明。
- 生氣是拿別人的過錯來懲罰自己。
- 投機可以是大膽投資的機會。

三、法則、名詞解釋篇

- 人生三大致命傷：埋頭苦幹、一成不變、努力不可累積。
- 三種貧苦的人：沒有夢想的人、沒有朋友的人、沒有給自己學習成長機會的人。

開解

- 人類的六大劣根性：倚老賣老、老氣橫秋、漠不關心、格格不入、自以為是、不以為然。
- 三個改變命運的因素：一群好友、堅持不懈的精神和督促自己的自己。
- 重友者霸，重師者王，重己者亡。
- 勇於學習，勇於承擔，勇於認錯，勇於修正。
- 五顆幸福種子：希望、信心、快樂、智慧、從容。
- 和別人要比：謙卑、付出、學習、感恩、堅持。
- 不要做「三等」人：等下班、等工資、等退休。
- 人生三寶：老友、老伴、老本。
- 人生三養：營養、保養、修養。
- 領導人：別人都倒下，自己還站著。
- 無知沒有選擇權，只有參與權。
- 知之者不如好之者，好之者不如樂之者。
- 女人可以在年華中老去，不可以在溝通中言而無味。

- 行走在智慧領域的女人最美麗。
- 保養是長時間，看病是短時間。
- 困難：困住了就難。
- 出路：從家裡走出來學習才會產生道路。
- 原理：原本就已墨守成規的道理。
- 討厭：討人喜歡，百看不厭。
- 眼光：別人看不到，自己看得到。

附錄二　開解・箴言

- 不懂情緒，情緒常常隨心所欲；不知情緒管理，情緒常常放蕩不羈。自認為沒情緒的人，其實是一個可怕的「情盲」。
- 法本如是無須言傳留字。但是，為了方便度眾，世間才留下珍貴的法語，雖是隻言片語，卻是永恆智慧。
- 禪非關色相、非關話頭，不在講話、不在裝神弄鬼，只求入定，定中有禪。
- 情商（EQ）是一種做人的能力，情緒管理的智慧是合群的能力，智商（IQ）是做事的能力、做事的技能。
- 理解情緒的三種境界：不知不解、知而不解、知之而解。
- 懂得控制情緒，做到八風吹不倒，溝通就會常贏。
- 情緒管理光靠「忍」是不夠的，因為「忍」過了頭，肯定會爆開的。
- 世人都有七情六欲。七情即七種主要的情緒——喜、怒、哀、懼、愛、惡、欲；六欲則是六種主要的感官欲望——眼、耳、鼻、舌、身、意。

智慧人生，情緒歷練自有其不同的水準。幼兒時，大多是天真幼稚；年少時，時常會任性衝動；三十歲後，開始變得成熟；四十歲後，學會相對穩重；五十歲後，才知凡事要冷靜，運用理智去處理；六十歲後，處事多求圓融、美滿；七十歲後，慢慢懂得什麼叫放下。

心為人主，是萬事之源，故萬事從心起。

情緒的來源：情由心生，緒由心造。

心理建設：吾心信其可行，則排山倒海之難，亦有可期之日；吾心信其不行，雖如反掌折枝之易，亦無可期之日。

人類心理認知的四大功能：感受的功能、儲存的功能、感知的功能、思考的功能。

心理認知作用：感受資訊進入潛意識，產生覺知，進而思考、更正認知和想法，再改變感知的心理認識迴圈運作過程。

心理認知系統的聯繫：感受心影響潛藏心，潛藏心左右覺知心的情緒，而思想心改變潛意識、指揮感受。

開解

- 情緒感知的扭曲現象分為八類：⑴固執性扭曲 ⑵選擇性扭曲 ⑶比較性扭曲 ⑷以偏概全性扭曲 ⑸聯想性扭曲 ⑹錯覺性扭曲 ⑺習慣性扭曲 ⑻累積性扭曲。
- 改變情緒的心理認知方法：⑴正反轉三思 ⑵釋放負面想法 ⑶離開 ⑷播種善念 ⑸淨化心靈 ⑹心靈充電 ⑺靜心 ⑻信仰。
- 改命（重生）：要改變命運，先改變心態。
- 避禍：山不轉人轉，人不轉心轉。
- 潛能控制：心靜不會做錯事，冷靜不會說錯話。
- 集中注意力的方法：專注一境，專注一念。
- 靈感最佳的「三上」時機：車上、床上、馬桶（廁）上。
- 常樂妙方：凡事善解，福心常在。
- 最便宜又最佳的禮物：讚美。
- 痛苦的免疫力：常思無常。
- 天堂在哪裡：天堂與地獄在於一心之隔。

- 正反轉三思：即「三思而後行」，「三思」是指凡事反覆思考，想清楚了再行動，也是指正向思考、逆向思考、轉向思考。
  正向思考：凡事往正面理解，比較快樂；逆向思考：塞翁失馬，焉知非福；轉向思考：山窮水盡疑無路，柳暗花明又一村。
- 習慣樸素，簡單就是美。
- 爭吵時，事緩則圓，故急事需緩辦。
- 盛怒時，設法離開現場，倒杯茶，喝杯咖啡，上廁所，找資料。
- 息怒四步曲：一吸，二離，三最愛，四冷靜再處理。
- 制怒之道：忍耐不是萬靈丹。忍一時氣，暫時風平浪靜；退一步想，才能海闊天空。
- 漸進式享受：由淡而濃則感覺甜，由濃而淡則感覺苦。
- 轉心法：轉個彎，路更寬。
- 原諒的理由：原諒別人是為了釋放自己。
- 知己知彼的方法：用同理心將心比心。
- 溝通：溝通從心開始。用心溝通，用理智溝通。

開解

● 溝通方式：肢體語言占百分之六十以上，語氣占百分之三十以上，溝通的內容只占百分之七。

● 溝通技巧：⑴讚美　⑵用詞直接　⑶化繁為簡　⑷只談當下　⑸內容明確　⑹謹慎批評。

● 溝通情境：塑造良好的心情，塑造良好的環境。

● 溝通禪機：講話要清清楚楚，聽話要明明白白。

● 語言暴力：利劍傷身猶可忍，利口穿心無可忍。

● 避免誤解：注意對方覺知的扭曲。

● 無謂爭執：爭得道理，失去情誼；贏得正義，失去生意。

● 聽話技巧：⑴放空才能聽到真意　⑵耐心傾聽，勿急於辯解　⑶察言觀色　⑷幫助對方穩定情緒　⑸不慍不火，防範被氣話所傷。

● 禪機：聽話不沾不纏，不染不著。

● 衝突過程：意見↓歧見↓成見↓結怨↓樹仇；

化解成見的方法：多說無益，停止爭論；

解決恩怨的方法：原諒寬恕，釋出善意，以德報怨；

因為抱怨傳話有殺傷力，所以多喝咖啡、少聊是非；仲裁的原則：先聽後勸，為雙方打圓場。

- 談判策略：知己知彼，清楚自己要什麼，攻心為上。
- 攻心的談判策略：八風吹不動，掌控主導權（八風是讚、嘲、揚、謗、得、失、喜、憂）。
- 帶人帶心：帶其內心的共識。
- 用人原則：唯用其才，用其長處。
- 遇到棘手問題：認識它，面對它，接納它，處理它，攻下它。
- 忘憂解愁的方法：釋放負面想法、改變想法、轉移注意力、遠離刺激。
- 邪不勝正：善者心安，能發揮潛力，臨危不亂；惡者心虛，喪失心力，力不從心。
- 善者不懼：善者內心扎實，無所牽掛。
- 永保恩愛之道：不要想佔有，要互相尊重。
- 治失戀：惡觀，逆向觀。
- 治偏食：勉強吃，試著吃，開拓味覺。

開解

- 恩怨宜解不宜結：天下沒有不可原諒的事，天下沒有不能相處的人，解怨在於自己的決心。
- 化解仇恨的五常心：感恩心、慚愧心、懺悔心、寬恕心、慈悲心。
- 善惡觀：天下沒有絕對的好人，也沒有絕對的壞人，好壞觀其動機。
- 度量：度量大，好共事；度量小，難相處。
- 知欲：欲是行動力之源，也是痛苦之源。
- 雄心：願大力大。
- 知足：知道自己的滿足點；知道自己要什麼，知道自己的目的和動機是什麼。
- 知進退：上臺靠機會，坐臺靠智慧，下臺靠情智。
- 戒盈杯：滿招損，謙受益，峰迴路轉，物極則反。
- 默照禪機：不觸事而知，不對緣而照。
- 靜心三要：孤立心，現在感，繼續使用好方法。
- 聽懂就好：不沾其事，不對號入座。
- 明白就夠：不纏其事，不捲入是非。

- 煩惱始於執著，放空即得解憂。
- 專念可止念，專注可止痛。
- 人之所以痛苦，在於追求錯誤的東西。
- 與其說是別人讓我們痛苦，不如說是我們自己的歷練不夠。
- 如果你不給自己煩惱，別人永遠不可能給你煩惱。煩惱是因為你自己的內心放不下。
- 當你快樂時，要想這快樂不是永恆的；當你痛苦時，要想這痛苦也不是永恆的。
- 一個人如果不能從內心去原諒別人，那他就永遠不會心安理得。
- 世界上沒有絕對幸福圓滿的婚姻，幸福只是來自於無限的容忍與互相尊重。
- 我們不能改變周遭的世界，卻可改變自己，用愛心和智慧來面對一切。
- 萬物皆為我所用，但皆非我所屬。
- 心中裝滿自己的看法與想法的人，永遠聽不見別人的心聲。
- 通常，一切偉大的力量都是從「定」中產生的，只有在靜中才能生定。

開解

- 不要在你的智慧中夾雜著傲慢，不要使你的謙虛缺乏智慧。
- 不要一直不滿他人，應該一直檢討自己。
- 要包容那些意見跟你不同的人，要學會怎樣包容他人。
- 勸告別人時，也應顧及別人的自尊心。
- 毀滅人只要一句話，培植人卻要千萬言。
- 永遠不要浪費你的一分一秒去想任何你不喜歡的人和事。
- 戀愛不是慈善事業，不能隨便施捨；感情沒有公式，沒有原則，沒有道理可循。
- 用慈悲心和溫和的態度，把你的不滿與委屈說出來，別人方才容易接受。
- 多用心去傾聽別人怎麼說，不要急著表達自己的看法。
- 多一分心力去注意別人，就少一分心力反省自己。
- 創造機會的人是勇者，等待機會的人是愚者。
- 每一個人都擁有情緒，但並非每個人都懂得情緒以及如何管理情緒。
- 活著，就是福氣而該珍惜。當我們哭訴自己沒鞋穿時，要想有人甚至還沒有腳。

- 隨緣不是得過且過、因循苟且，而是盡人事聽天命。
- 當你對自己誠實，世界上就沒有人能騙得了你。
- 情執是苦惱的因，放下情執，你才能夠自在。
- 不要刻意去猜測他人的想法，如果你沒有智慧與經驗，通常都會出錯。
- 看一個人的出發點與目的是否相同，就可以知道他是否真心。
- 內心充滿忌妒、心中不坦白、言語不正的人，不算是五官端正的人。
- 多講點笑話，以幽默的態度處事。
- 不洗澡的人，硬擦香水也不會香。名聲與尊貴來自於真才實學，有德自然會香。
- 逆境是成長必經的過程，能勇於接受逆境的人，生命才會日漸茁壯。
- 感謝告訴你缺點的人。
- 沉默是毀謗最好的答覆。
- 如果硬要把單純的事情看得很嚴重，會很痛苦。
- 如果你能像看別人缺點一樣準確地發現自己的缺點，那麼你的生命將會從此不凡。

開解

♥原諒別人，就是給自己心中留下空間，以便迴旋。
♥世界上沒有一個永遠不被毀謗的人，也沒有一個永遠會被讚美的人。
♥對人恭敬，就是在莊嚴自己。
♥仇恨永遠不能化解仇恨，只有寬容才能化解仇恨。
♥接受比抱怨好，對於不可改變的事實，除了接受，沒有更好的辦法。
♥不要因為眾生的愚疑，帶給自己煩惱；不要因為眾生的無知，而痛苦了自己。
♥當錯誤顯露時，不要發脾氣，不要以為任性或吵鬧可以隱藏或克服你的缺點。
♥良心是最公正的審判官，你騙得了別人，卻永遠騙不了你自己的良心。
♥不懂得自愛的人，是沒有能力去愛人的。
♥不要因為小爭執，遠離了至親好友，也不要因為小怨恨，忘記了他人的大恩大德。
♥勇於接受別人的批評，正好可以調整自己的缺點。
♥說話不要有攻擊性、不要有殺傷力，不誇己能，不揚人惡，自然能化敵為友。

多數人一輩子只做了三件事：自欺、欺人、被人欺。

太過於欣賞自己的人，難以去欣賞別人的優點。

如果你真的愛他，就必須容忍他某些無關緊要的缺陷。

即使討厭一個人，也能發覺對方的優點好處，天下就缺這麼有修養的人。

隱藏幾分我們確實有的優點，這就叫作涵養。

常以為別人在注意自己或希望別人注意自己的人，生活得比較辛苦。

是非和得失，要等到最後才能評定。

看輕別人很容易，擺平自己卻很困難。

希望掌握永恆，就得先控制現在。

寧可自己主動去原諒別人，也不要被動地等別人來原諒自己。

當你用充滿煩惱的心來面對事物，會覺得一切都是業障，世界也會因而變得醜陋可恨。

欲為諸佛龍象，先做眾生馬牛。

世上本無移山之術，唯一能移山的方法是「山不過來，我就過去」。

開解

- 沒有任何一種困難會因為你的放棄而離去。
- 我們可能無法掌握風向，但至少可以調整風帆；我們可能無法左右事情，但至少可以調整心態。
- 同樣的前因常會產生完全相反的後果，人們對「前因」的評價與解釋也將完全相反。
- 海納百川，有容乃大。包容就是和而不同，當我們包容別人時，也能得到別人的包容。
- 一個人的個性很重要，脾氣好，到哪都能跟人處得好，若遇事，也應當能堅持自己的原則。
- 「我是我認為的我」，積極的自我期望會帶來積極的信念，積極的信念會帶來積極的態度，積極的態度會帶來積極的行為，積極的行為會帶來積極的結果。反之亦如此。
- 優秀人才的四項標準：(1)和諧的內心、交際圈 (2)一流的團隊合作精神 (3)優秀的工作效率 (4)勤奮、進取、光明磊落。
- 管理是一種嚴肅的愛。

國家圖書館出版品預行編目(CIP)資料

開解/ 亞諾著. -- 初版. --
臺北市 : 力得文化,
2018.01　面；　公分. --（好心情 ; 1）
ISBN 978-986-93664-3-4（平裝）
1. 情緒管理

176.52　　106021884

好心情 001

開解

初　　版　2018年1月
定　　價　新台幣299元

作　　者　亞諾
出　　版　力得文化
發 行 人　周瑞德
電　　話　886-2-2351-2007
傳　　真　886-2-2351-0887
地　　址　100 台北市中正區福州街1號10樓之2
E-mail　best.books.service@gmail.com
官　　網　www.bestbookstw.com
執行總監　齊心瑀
行銷經理　楊景輝
執行編輯　王韻涵
封面構成　高鍾琪
內頁構成　華漢電腦排版有限公司
印　　製　大亞彩色印刷製版股份有限公司

港澳地區總經銷　泛華發行代理有限公司
地　　址　香港新界將軍澳工業邨駿昌街7號2樓
電　　話　852-2798-2323
傳　　真　852-2796-5471

Leader Culture

Lead the Way! Be Your Own Leader!

Leader Culture

Lead the Way! Be Your Own Leader!

Leader Culture

Lead the Way! Be Your Own Leader!

Leader Culture

Lead the Way! Be Your Own Leader!